Tobias Roth

Wiesbaden zu Fuß

Die schönsten Sehenswürdigkeiten
zu Fuß entdecken

SOCIETÄTS
VERLAG

Die Angaben und Informationen in diesem Buch sind aktuell recherchiert und vor Drucklegung sorgfältig überprüft worden. Trotzdem ist darauf hinzuweisen, dass sich Telefonnummern, Öffnungszeiten und andere Angaben im Lauf der Zeit ändern können.

Seite 2: Die Nerobergbahn auf dem Weg nach oben

3. aktualisierte Auflage

Satz: Julia Desch, Societäts-Verlag
Umschlaggestaltung: Julia Desch, Societäts-Verlag
Umschlagabbildung: © Branko Srot – Fotolia.com
Karten: Peh & Schefcik
Druck und Verarbeitung: CPI books GmbH, Leck
Printed in Germany 2017

ISBN 978-3-95542-231-8

Kapitel 4
Schule
Ev. Kirche
Burgruine
455
Sonnenberg
Hofgarten-
platz
Kath. Kirche
Siedlung
Heidestock
Danziger Straße
Rambach
Nauroder Straße
Siedlung
An den Fichten
Liebenaustraße
Siedlung Aukamm
Schule
Kur-
anlagen
Straße
Kliniken
Thermalbad
Aukammtal
Parkstr.
Orangerie
Aukamm
Nauroder Straße
Sonnenberger
Salzbach
Aukammtal-
Anlagen
Aukammtal
Apotheker-
garten
Friedhof
Am Wolfsfeld
Kliniken
Fichtestraße
Bierstadt
arkstraße
Bierstadter Höhe
Patrickstraße
Poststraße
Ev. Kirche
Schule
St.-Birgid-Kirche
Igstadter
Straße
aße
Wiesbaden
Theodor-
Fliedner-
Schule
Erbenheimer Straße
Moltkering
ytag-Straße
Kapitel 6
.-Josefs-
Hospital
Helene-Lange-
Schule
New-York-Straße
Kirche
ße
Schule
455
g
54
BRITA
Arena
Berliner Straße
Siedlung Hainerberg
0
500 m
Helmut-Schön-
Sportpark
Gestaltung: © KARTOGRAPHIE Peh & Schefcik

Nerobergbahn

Inhalt

Vorwort 7

Kapitel 1
Von der Römertherme zur Weltkurstadt – ein Spaziergang durch 2000 Jahre Badekultur 8

Kapitel 2
Im Herzen von Wiesbaden – ein gemütlicher Altstadtbummel 28

Kapitel 3
Von Fürsten, Herzögen und Sektbaronen – die ehemalige Residenzstadt Biebrich am Rhein 42

Kapitel 4
Durch die grüne Lunge der Stadt – von der Burg Sonnenberg zum „Nizzaplätzchen“ 58

Kapitel 5
Historismus, Klassizismus, Jugendstil – ein Spaziergang durch Wiesbadens „goldenes Zeitalter“ 74

Kapitel 6
Die Kulturstadt Wiesbaden erleben - ein Spaziergang auf den Spuren berühmter Musensöhne 92

Kapitel 7
Der Neroberg - ein Ausflug auf den Wiesbadener Hausberg 112

Service 126

Bildnachweis 138
Der Autor 139

Vorwort

Tradition und Moderne, Eleganz und Lebensfreude – die hessische Landeshauptstadt Wiesbaden vermag diese scheinbaren Gegensätze auf charmante Art und Weise miteinander zu verbinden. Die einstige „Weltkurstadt", deren 2000-jährige Wurzeln bis in die Römerzeit zurückreichen, ist geprägt von weitläufigen Parks und prächtigen Gebäuden im Stile des Historismus, des Klassizismus und des Jugendstils. Dieses einmalige architektonische Ensemble, die traditionsreichen Kurbäder sowie die noble Atmosphäre der nassauischen Residenzstadt machten Wiesbaden bis ins frühe 20. Jahrhundert zum Anziehungspunkt für gekrönte Häupter, wohlhabende Industrielle und bedeutende Künstler aus allen Teilen Europas. Auch in der modernen Kongress- und Dienstleistungsstadt von heute ist noch immer jenes einzigartige Flair zu spüren, das Wiesbaden einst den Beinamen „Nizza des Nordens" eintrug.

„Wiesbaden zu Fuß" lädt dazu ein, die Attraktionen und Sehenswürdigkeiten der hessischen Landeshauptstadt hautnah zu erleben. Ob ein Spaziergang durch das historische Quellenviertel, ein gemütlicher Altstadt-Bummel oder ein Ausflug auf den Spuren berühmter Künstler und Kreativer – insgesamt sieben abwechslungsreiche Routen führen durch Geschichte und Gegenwart der traditionsreichen Kurstadt, präsentieren Highlights aus Kunst und Kultur und verweisen auf zahlreiche attraktive Freizeitaktivitäten. Ergänzend beinhaltet der ausführliche Service-Teil eine Vielzahl weiterer interessanter Adressen, Angebote und Informationen.

Der Autor und der Verlag

AQUIS MATTIACIS

Von der Römertherme zur Weltkurstadt – ein Spaziergang durch 2000 Jahre Badekultur

Von der Römertherme zur Weltkurstadt – ein Spaziergang durch 2000 Jahre Badekultur

Die Geschichte der Stadt Wiesbaden ist untrennbar mit ihren 26 heißen Quellen verbunden. Deren wohltuendes und gesundheitsförderndes Heilwasser wussten bereits die Römer zu schätzen, die in ihrer um 40 n. Chr. gegründeten Siedlung Aquae Mattiacorum („Die Wasser der Mattiaker“) erste Thermen errichteten und damit den Grundstein für eine der traditionsreichsten Kurstädte Europas legten. Auch im Mittelalter und in der frühen Neuzeit war es der auf der hochentwickelten römischen Badekultur fußende Kurbetrieb, der die Geschicke des 829 erstmals urkundlich erwähnten „Wisibada“ maßgeblich bestimmte und dem beschaulichen, kaum 1000 Einwohner zählenden Kurort bescheidenen Wohlstand bescherte.

Im 19. Jahrhundert erlebte Wiesbaden eine beispiellose Blütezeit. Unter nassauischer und ab 1866 unter preußischer Herrschaft entstanden prachtvolle Gebäude, großzügige Boulevards und weitläufige Parkanlagen, die noch heute von jener Epoche künden, in der

sich Wiesbaden zur mondänen „Weltkurstadt“ entwickelte. Zahlungskräftige Gäste aus allen Teilen Europas ließen hier ihre Leiden kurieren, genossen aber auch die zahlreichen Möglichkeiten, sich in nobler Atmosphäre zu amüsieren. Mit dem Ausbruch des Ersten Weltkriegs endete das „goldene Zeitalter“ des Wiesbadener Kurbetriebs, der sich in der Folge auf moderne klinische Therapien spezialisierte. Die traditionsreichen Thermalbäder haben heute zwar erheblich an Bedeutung verloren, verfügen jedoch weiterhin über eine treue Anhängerschaft, die das unvergleichliche Flair klassischer Badekultur zu schätzen weiß.

Länge: ca. 2 km
Strecke: eben und einfach

Ausgangspunkt unseres Spaziergangs durch die beinahe 2000-jährige Geschichte der Kur- und Bäderstadt Wiesbaden sind die Ruinen der Heidenmauer. Wiesbadens ältestes erhaltenes Bauwerk wurde Ende des 4. Jahrhunderts unter Kaiser Valentinian I. errichtet und gilt, obwohl nur Fragmente der ehemals über 500 Meter langen und mindestens zehn Meter hohen Maueranlage den Lauf der Jahrhunderte überdauert haben, als bedeutendstes architektonisches Denkmal der römischen Spätantike zwischen Rhein und Limes. Bis vor wenigen Jahren nahm man allgemein an, dass die Heidenmauer als Verteidigungswall gegen die häufigen

Die Fragmente der spätrömischen Heidenmauer sind das älteste architektonische Zeugnis der Wiesbadener Stadtgeschichte

Blick auf das im Jahre 1902 errichtete Römertor und Teile des Römischen Freilichtmuseums

Angriffe germanischer Stämme gedient habe. Neuere archäologische Untersuchungen legen hingegen nahe, dass die monumentale, auf bis zu drei Meter breiten Fundamenten ruhende Steinkonstruktion der Unterbau eines Aquädukts gewesen sein könnte, welches das Wiesbaden der Römerzeit mit frischem Trinkwasser versorgte.

In Höhe der Coulinstraße werden die auf einer Länge von etwa 80 Metern erhalten gebliebenen Teilstücke der Heidenmauer durch das im Jahre 1902 von Stadtbaumeister Felix Genzmer (1856–1929) errichtete Römertor miteinander verbunden. Die an antiken Vorbildern orientierte Holzbrückenanlage dokumentiert die besondere Wertschätzung, die der römischen Kultur zu Zeiten des Wilhelminismus entgegengebracht wurde.

Anfahrt: Haltestelle Webergasse, Buslinien 1, 8; dann durch die Langgasse zur Straße „Am Römertor“

Seitlich der Heidenmauer befindet sich ein kleines Freilichtmuseum, das Kopien interessanter Fundstücke aus Wiesbadens römischer Vergangenheit präsentiert. Die ausgestellten Steintafeln, Skulpturen und Reliefs bezeugen den kulturellen und wirtschaftlichen Reichtum der Siedlung Aquae Mattiacorum, die sich bis zu ihrer Eroberung durch die Alemannen im Jahre 406 n. Chr. zu einer der bedeutendsten Kur- und Handelsstädte der römischen Provinz Obergermanien entwickelt hatte.

Das an antiken Vorbildern orientierte Gebäude der Kaiser-Friedrich-Therme beherbergt einen wunderschönen Jugendstil-Badepalast

★ **TIPP** ★ In unmittelbarer Nachbarschaft zu Römertor und Heidenmauer erstreckt sich entlang der Coulinstraße die in den Jahren 1910–1913 als städtisches Kur- und Bademittelhaus errichtete Kaiser-Friedrich-Therme, ein wunderschöner Jugendstil-Badepalast, der nach aufwendiger Restaurierung, Sanierung und Modernisierung wieder in voller Pracht erstrahlt. Das vom 66,4 Grad heißen Heilwasser der Adlerquelle gespeiste Thermalbad bietet seinen Besuchern auf einer Fläche von 1450 Quadratmetern eine vielseitige Bade-, Sauna- und Wellness-Landschaft, die den Badeluxus vergangener Zeiten wieder auferstehen lässt, zugleich aber allen Ansprüchen des modernen Gastes genügt. Besonders beeindruckend ist das denkmalgeschützte, mit sinnenfrohen Ornamenten, Mosaiken und Wandmalereien reich geschmückte Irisch-Römische Bad. Hier kann man nach Sitte der römischen Stadtväter baden, saunieren und von der Hektik des Alltags entspannen.

Am ersten Freitag eines jeden Monats besteht die Möglichkeit, die Kaiser-Friedrich-Therme außerhalb der Badezeiten im Rahmen einer etwa 90-minütigen Führung zu erkunden (8.30 Uhr,

Preis: 5 €, telefonische Anmeldung erbeten). Der informative Rundgang präsentiert das beeindruckende historische Ambiente der Therme und gewährt zudem interessante Einblicke in die den Badebetrieb ermöglichende Technik.

Anfahrt: Haltestelle Webergasse, Buslinien 1, 8

KAISER-FRIEDRICH-THERME · Langgasse 38 – 40 · 65183 Wiesbaden
Telefon: (0611) 31 70 60 · Fax: (0611) 31 70 77
kft@wiesbaden.de · www.wiesbaden.de/kft

Die reich verzierte Schwimmhalle ist das glanzvolle Zentrum des denkmalgeschützten Irisch-Römischen Bades

Öffnungszeiten: Sommersaison (1. Mai bis 31. August): tägl. 10 - 22 Uhr
Wintersaison (1. September bis 30. April): Mo. bis Do., So. 10 - 22 Uhr, Fr., Sa. 10 - 24 Uhr
Textilfreies Baden, Di. Damentag
Preise: Sommertarif: 5 €/Stunde, Wintertarif: 6,50 €/Stunde
Weitere Preise und Vergünstigungen auf Anfrage
Führung: 1. Freitag im Monat um 8.30 Uhr · Preis: 5 € · telefonische Anmeldung erbeten

Die Kaiser-Friedrich-Therme verlassend, überqueren wir die Webergasse und betreten nach etwa 50 Metern den Kranzplatz. In dessen Mitte befindet sich der von einem reizvollen Pavillon überdachte Kochbrunnen. Die im Jahre 1366 erstmals als „Brühborn" erwähnte Thermalquelle liefert 346 Liter Heilwasser pro Minute und war im 19. Jahrhundert Zentrum der Wiesbadener Trinkkur. Auch der heutige Besucher sollte sich einen Schluck des etwa 66 Grad heißen Thermalwassers gönnen. Es ist zwar nicht besonders wohlschmeckend, hat aber nachgewiesenermaßen eine gesundheitsfördernde Wirkung.

Der Kochbrunnentempel vor der prunkvollen Fassade des ehemaligen Palast-Hotels

Die Verkostung des heilkräftigen Wiesbadener Thermalwassers ist ein „Muss" für jeden Besucher der traditionsreichen Kurstadt

Der Kranzplatz, der in Höhe des Quelltempels in den Kochbrunnenplatz übergeht, bildete während aller Epochen der Wiesbadener Stadtgeschichte ein bedeutendes Zentrum des Kurbetriebs. Nach den Thermen der Römer und den Badehäusern des mittelalterlichen „Wisibada" waren es im 19. Jahrhundert Grand Hotels, die das Areal rund um den Kochbrunnen säumten. Mit dem Ausbruch des Ersten Weltkriegs, der die Blütezeit der Weltkurstadt Wiesbaden jäh beendete, gerieten die luxuriösen Hotelpaläste in eine ernste Krise und mussten schließlich ihren Betrieb einstellen. Einzig der am südlichen Ende des Kranz-/Kochbrunnenplatzes gelegene „Schwarze Bock" konnte dieser Entwicklung langfristig trotzen. Das traditionsreiche Haus, bis zum heutigen Tage eine der ersten Adressen der Stadt, wurde bereits 1486 gegründet und gilt damit als ältestes Hotel Deutschlands.

Der Quellraum der Drei-Lilien-Quelle

Seitlich des „Schwarzen Bocks" folgen wir zunächst der leicht bergab führenden Spiegelgasse, biegen dann nach wenigen Metern rechter Hand in die Straße „An der Drei-Lilien-Quelle" ein und erreichen schließlich an der Rückseite des traditionsreichen Grand Hotels eine eiserne Pforte, die sich nach dem Betätigen der Klingel öffnet und den Besucher zur Drei-Lilien-Quelle geleitet. Die vom heilkräftigen Wasser mehrerer lokaler Quellen gespeiste Thermalquelle wurde in den Jahren 1904–1908 angelegt und in einem von der reizvollen Formensprache des Jugendstils geprägten Quellraum erschlossen. Vor wenigen Jahren detailgetreu rekonstruiert, gewährt das sinnenfrohe Interieur einen trefflichen Einblick in die Ästhetik des Kur- und Badebetriebs des frühen 20. Jahrhunderts.

Im Anschluss an die Besichtigung der Drei-Lilien-Quelle kehren wir auf gleichem Wege wieder zum Kochbrunnen zurück. Am nördlichen Ende des Kranz-/Kochbrunnenplatzes befindet sich das ehemalige Hotel Rose. Der neobarocke Prachtbau, in dessen luxuriösen Suiten einst Adel und Prominenz aus ganz Europa logierten, beherbergt heute die Hessische Staatskanzlei, den Amtssitz des Ministerpräsidenten.

Das ehemalige Hotel Rose ist heute Amtssitz des hessischen Ministerpräsidenten

In Höhe der Staatskanzlei betreten wir die Taunusstraße, welche weit über die Grenzen der Stadt hinaus als Kunst- und Antiquitätenmeile bekannt ist. Entlang der von wunderschönen Jugendstil- und Belle-Époque-Fassaden gesäumten Allee sind viele traditionsreiche Antiquitätengeschäfte und Galerien angesiedelt. In jüngster Zeit hat sich zudem eine lebendige Kneipenszene entwickelt.

Der Taunusstraße rechter Hand etwa 50 Meter folgend, gelangen wir zum sogenannten Kureck und betreten die Wilhelmstraße. Wiesbadens eleganter Prachtboulevard, von den Bewohnern der hessischen Landeshauptstadt liebevoll „die Rue“ genannt, wird von beeindruckenden Gebäuden aus der Epoche des Historismus flankiert und erstreckt sich auf einer Länge von etwa 800 Metern bis zum Wiesbadener Museum. In zahlreichen edlen Boutiquen, Einrichtungshäusern und Juweliergeschäften kann man, das nötige „Kleingeld“ vorausgesetzt, alles kaufen, was besonders schön, exklusiv und teuer ist. Bis zum heutigen Tage umgibt die Wilhelmstraße jener noble Charme, der Wiesbadens Promenier- und Einkaufsmeile

Blick auf die Wilhelmstraße, Wiesbadens elegante Promenier- und Einkaufsmeile

bereits wenige Jahre nach ihrer Fertigstellung im Jahre 1810 zu einem der beliebtesten Treffpunkte der „besseren Gesellschaft" des 19. Jahrhunderts werden ließ.

Die Wilhelmstraße entlangspazierend, erreichen wir nach etwa 100 Metern den „Nassauer Hof". Das international renommierte Luxushotel beherbergte in seiner mehr als 200-jährigen Geschichte eine Vielzahl bedeutender Persönlichkeiten, unter ihnen der russische Zar Nikolaus II. und US-Präsident John F. Kennedy, der Wiesbaden im Jahre 1963 einen Besuch abstattete. Das dem „Nassauer Hof" angeschlossene Restaurant „Ente" ist ein weithin bekannter Gourmettempel, der seit über 30 Jahren durchgehend mit einem der begehrten Michelin-Sterne ausgezeichnet wird.

Der traditionsreiche „Nassauer Hof" zählt zu Europas renommiertesten Grandhotels

Gegenüber der Eingangspforte des traditionsreichen Hotels steht ein im Jahre 1897 von Joseph Uphues geschaffenes Denkmal für Kaiser Friedrich III. (1831–1888). Das bronzene Standbild des nach nur 99-tägiger Regentschaft verstorbenen Monarchen blickt in Richtung eines einzigartigen architektonischen Ensembles, das noch heute vom mondänen Glanz der Weltkurstadt Wiesbaden kündet.

Vor dem als prunkvolle Repräsentanz des Kurbetriebs errichteten Kurhaus erstreckt sich das Bowling Green. Die von zwei dreischaligen Kaskaden-Brunnen geschmückte Rasenanlage erhielt ihren Namen von englischen Kurgästen, die an

Das bronzene Standbild des „99-Tage-Kaisers" Friedrich III. vor dem „Nassauer Hof"

Am oberen Ende des Bowling Greens erhebt sich das neoklassizistische Kurhaus, die prachtvolle Repräsentanz der einstigen Weltkurstadt Wiesbaden

dieser Stelle dem „Bowls“, einer britischen Variante des französischen Boule-Spiels, frönten. Flankiert wird das Bowling Green von den mit 129 Metern längsten Säulenhallen Europas. Die linker Hand gelegene Brunnenkolonnade, auch Kurhauskolonnade genannt, wurde bereits 1827 im klassizistischen Stil errichtet, ihr spiegelbildliches Gegenüber, die Theaterkolonnade, zwölf Jahre später.

Anfahrt: Haltestelle Kurhaus/Theater, Buslinien 1, 2, 8, 16

Wir überqueren nun die Wilhelmstraße und spazieren entlang der von 46 dorischen Säulen getragenen Brunnenkolonnade in Richtung Kurhaus. Die einst von flanierenden Kurgästen bevölkerte Wandelhalle beherbergt heute das seine Gäste mit einer Auswahl von mehr als 220 Automaten erwartende Kleine Spiel der Wiesbadener Spielbank.

Das in den Jahren 1904–1907 von Friedrich von Thiersch (1852–1921) errichtete Kurhaus ist Wiesbadens bekanntestes Wahrzeichen. Der neoklassizistische Prachtbau, den Kaiser Wilhelm II. (1859–1941) im Rahmen einer feierlichen Einweihungszeremonie

Blick entlang der von 46 dorischen Säulen getragenen Brunnenkolonnade

Der ionische Säulenportikus des im Jahre 1907 eingeweihten Kurhauses

Das elegante Foyer des Kurhauses mündet in eine beeindruckende Wandelhalle

als „schönstes Kurhaus der Welt" lobte, ersetzte das alte Gesellschaftshaus, welches im Jahre 1810 von Christian Zais (1770 – 1820) an gleicher Stelle erbaut worden war, aber aufgrund seiner begrenzten Räumlichkeiten den Ansprüchen der stetig wachsenden Weltkurstadt nicht mehr genügen konnte. In den 1980er Jahren wurde das während des Zweiten Weltkriegs schwer beschädigte und zunächst nur notdürftig wieder instand gesetzte Kurhaus aufwendig restauriert und modernisiert. Seitdem erstrahlen die aus Sandstein gearbeitete Fassade und die prachtvoll ausgestatteten Säle und Salons im Innern wieder im vollen Glanz der Wilhelminischen Epoche.

Wir durchschreiten den von sechs ionischen Säulen getragenen Portikus, dessen Giebelinschrift „Aquis Mattiacis" (den Wassern der Mattiaker [geweiht]) auf Wiesbadens römische Vergangenheit verweist, und betreten das in eine beeindruckende Wandelhalle mündende Foyer des Kurhauses. Die kreisrunde, von einer 21 Meter hohen Kuppel überdachte Wandelhalle wird von vier Statuen antiker Gottheiten, wertvollen Mosaiken und prächtigen Marmor-Wand-

Ansicht des prunkvollen Friedrich-von-Thiersch-Saals

verkleidungen opulent geschmückt. Zu beiden Seiten des Foyers liegen zehn in unterschiedlichen historischen Baustilen kunstvoll angelegte Säle und Salons, die den noblen Rahmen für Kongresse, Tagungen, Konzerte und Galas aller Art bilden. Sofern keine geschlossenen Veranstaltungen stattfinden, sind die Bediensteten des Kurhauses gerne bereit, die eleganten Räumlichkeiten für interessierte Besucher zu öffnen.

KURHAUS WIESBADEN
Kurhausplatz 1 · 65189 Wiesbaden · Telefon: (0611) 17 29 100
Fax: (0611) 17 29 299 · info@kurhaus-wiesbaden.de
www.wiesbaden.de/kurhaus

★ TIPP ★ Die Wiesbadener Spielbank ist eines der schönsten und traditionsreichsten Casinos Europas, dessen Geschichte bis ins Jahr 1771 zurückreicht. Damals wurde das Glücksspiel in Wiesbaden von Fürst Karl von Nassau-Usingen (1712–1775) erstmals konzessioniert. Nachdem zunächst in einfachen Gasthäusern gespielt worden war, rollte die Roulette-Kugel seit 1810 im eleganten Ambiente des von Christian Zais errichteten Gesellschaftshauses. Rasch entwickelte sich die Spielbank zum noblen Anziehungspunkt für Spielernaturen aus allen Teilen Europas. Ein jähes Ende fand diese Blütezeit im Jahre 1872, als das Glücksspiel im gesamten Deutschen Reich gesetzlich verboten wurde. Erst 1949 konnte der Spielbetrieb im Foyer des Hessischen Staatstheaters wieder aufgenommen werden. Sechs Jahre später fand die Spielbank im Christian-Zais-Saal des Kurhauses eine neue Heimat.

Heute residiert die Spielbank im ehemaligen Weinsaal des Kurhauses, der sich linker Hand der Wandelhalle befindet. Das kirschholzgetäfelte, mit beeindruckenden Kristallleuchtern und elegantem Mobiliar prachtvoll ausgestattete Casino bietet seinen jährlich etwa 200.000 Besuchern ein breit gefächertes Spielangebot, welches klassisches Roulette ebenso umfasst wie American Roulette, Black Jack und Poker. Aber auch Gäste, die Fortuna nicht auf die Probe stellen wollen, sind in der Wiesbadener Spielbank stets willkommen. Einen kühlen Drink an der eleganten Bar zu sich nehmend, kann man die einzigartige Atmosphäre des neoklassizistischen Casinosaals genießen und das spannende Spielgeschehen aus nächster Nähe beobachten. Allerdings sollten alle Gäste die Kleidervorschriften der Wiesbadener Spielbank beachten: Gepflegte Garderobe ist hier verpflichtend, Männer werden gebeten, Jackett und Krawatte bzw. Fliege zu tragen.
Freitags und samstags bietet die Wiesbadener Spielbank ab 22 Uhr im stündlichen Rhythmus kostenlose Schnupperkurse an, die Casino-Neulinge über Regeln und Geschichte der angebotenen Glücksspiele aufklären und zudem die Möglichkeit bieten, bei einem Demo-Spiel echte Jetons zu gewinnen.

Die elegante Wiesbadener Spielbank ist eines der schönsten und traditionsreichsten Casinos Europas

SPIELBANK WIESBADEN · Kurhausplatz 1 · 65189 Wiesbaden
Telefon: (0611) 53 61 00 · Fax: (0611) 53 61 99
info@spielbank-wiesbaden.de · www.spielbank-wiesbaden.de
Öffnungszeiten: Großes Spiel: So. bis Do. 14.45 – 3 Uhr, Fr. u. Sa. 14.45 – 4 Uhr
Kleines Spiel: tägl. 12 – 4 Uhr · Preise (Tageskarte): Großes Spiel: 2,50 €
Kleines Spiel: kostenlos · Mindestalter: 18 Jahre
Zutritt zum Großen Spiel nur in gepflegter Garderobe

Wir verlassen nun das Kurhaus, wenden uns nach links und setzen unseren Weg entlang der Paulinenstraße fort. Rechter Hand in die Parkanlage „Warmer Damm“ einbiegend, erblicken wir nach we-

Das Schiller-Denkmal vor der repräsentativen Südfassade des Hessischen Staatstheaters

Kaiser Wilhelm II. weilte alljährlich im Mai in Wiesbaden und war ein engagierter Förderer der städtebaulichen Entwicklung

nigen Metern die mit allegorischen Statuen und Reliefs reich geschmückte Südfassade des Hessischen Staatstheaters. Sie wurde von den bedeutenden Wiener Architekten Ferdinand Fellner d. J. (1847–1916) und Hermann Helmer (1849–1919), die das neobarocke Opern- und Schauspielhaus in den Jahren 1892–1894 errichteten, als repräsentative Schauseite ihres Theaterbaus konzipiert. Der an antiken Vorbildern orientierte Säulenportikus diente lediglich als Bühneneingang, der Haupteingang des Staatstheaters wurde in der Theaterkolonnade angelegt.

Vor der Südfassade steht ein von Joseph Uphues aus wertvollem Carrara-Marmor gefertigtes Standbild Friedrich Schillers (1759–1805). Es wurde im Jahre 1905 anlässlich des 100. Todestages des großen deutschen Dichters errichtet. Zudem ließ man in den Giebel des Säulenportikus einen Vers aus Schillers Gedicht „Die Künstler" eingravieren, der an den humanistischen Auftrag des Theaters erinnert: „Der Menschheit Würde ist in eure Hand gegeben – bewahret sie!"

Am 16. Oktober 1894 wurde das Wiesbadener Theater von Kaiser Wilhelm II. feierlich eröffnet. Der kunstsinnige Monarch, der alljährlich im Mai zu einem ausgiebigen Kur- und Erholungsurlaub in Wiesbaden weilte, hatte sich für den Bau des Opern- und Schau-

Das prunkvolle Foyer des Staatstheaters erstrahlt im sinnenfrohen Glanz des Rokoko

spielhauses persönlich eingesetzt und sogar den Großteil der anfallenden Kosten übernommen. Er war es auch, der Stadtbaumeister Felix Genzmer im Jahre 1902 beauftragte, ein repräsentatives Foyer zu errichten. Der prunkvolle, mit Marmor und Gold reich verzierte Rokokosaal ist der wohl schönste Raum des Staatstheaters und übertrifft an Glanz und Pracht sogar den neobarocken Theatersaal des Großen Hauses.

Bis heute ist das Hessische Staatstheater eine der bedeutendsten Kultureinrichtungen der Stadt Wiesbaden. Das über einen ausgezeichneten künstlerischen Ruf verfügende Haus bietet seinen Besuchern auf vier Bühnen ein breit gefächertes Programm aus den Bereichen Oper, Schauspiel, Kinder- und Jugendtheater, Musiktheater und Ballett. Aufgrund seines ausgewogenen Spielplans, der sowohl klassische als auch moderne und avantgardistische Aufführungen umfasst, ist das Wiesbadener Theater mit einer Platznutzung von über 90 % eines der bestbesuchten Opern- und Schauspielhäuser Deutschlands.

Oftmals belächelt, aber überaus beliebt: die „größte Kuckucksuhr der Welt" in der Burgstraße

HESSISCHES STAATSTHEATER WIESBADEN
Christian-Zais-Straße 3
65189 Wiesbaden
Telefon: (0611) 13 23 25 (Karten)
Telefon: (0611) 13 21 (Information)
info@staatstheater-wiesbaden.de
www.staatstheater-wiesbaden.de

Die Wilhelmstraße überquerend, biegen wir nun in die Burgstraße ein und erreichen nach wenigen Metern die im

Jahre 1946 aufgestellte „größte Kuckucksuhr der Welt". Anfangs als befremdlicher Kitsch belächelt oder verflucht, ist der überdimensionierte Schwarzwald-Chronograf heute ein stadtbekanntes Wahrzeichen, das sich besonders bei Kindern und Gästen aus Übersee großer Beliebtheit erfreut. Von 8 bis 20 Uhr schlägt die mit handgeschnitzten Tierdarstellungen verzierte Uhr alle 30 Minuten. Nachdem der Kuckuck gerufen hat, erscheint ein Puppenpärchen, das zur Musik einer Spieluhr tanzt.

Blick auf die reich verzierte Schmuckfassade des Pressehauses

Im Anschluss an die Besichtigung dieses amüsanten Schauspiels folgen wir zunächst der Straße „An den Quellen", um dann linker Hand in die Webergasse einzubiegen. Wenige Meter entfernt beginnt die Langgasse, die zusammen mit der Kirchgasse Wiesbadens geschäftige Einkaufsmeile bildet. Hier kann man hervorragend shoppen oder sich in den zahlreichen Cafés und Restaurants stärken.

Das bemerkenswerteste Gebäude der Langgasse ist das im Jahre 1909 errichtete Pressehaus. Der repräsentative Sandsteinbau beherbergt die Redaktionsräume des Wiesbadener Tagblatts und des Wiesbadener Kuriers. Auf seinem Giebel steht die überlebensgroße Kupferstatue „Das Wissen", ein Jüngling, der in heroischer Pose ein geöffnetes Buch gen Himmel reckt.

Nach wenigen Metern gelangen wir wieder zu Heidenmauer und Römertor und damit zum Ausgangspunkt unserer Tour zurück.

vom FASS
BECK'S

Im Herzen von Wiesbaden – ein gemütlicher Altstadtbummel

Im Herzen von Wiesbaden – ein gemütlicher Altstadtbummel

Wiesbadens Innenstadt wird aufgrund der geometrischen Form der sie umgebenden Straßenzüge auch als „Historisches Fünfeck" bezeichnet. Die städtebauliche Konzeption des durch Wilhelmstraße, Friedrichstraße, Schwalbacher Straße, Röderstraße und Taunusstraße begrenzten Fünfecks geht zurück auf den nassauischen Hofarchitekten Christian Zais (1770–1820), der Wiesbadens Umbau von einem kleinen, ländlich geprägten Badeort zur repräsentativen Residenz- und Kurstadt in den Jahren 1805–1820 verantwortlich leitete. Inmitten des in weiten Teilen als Fußgängerzone gestalteten Zentrums befinden sich die stimmungsvollen, von traditionsreichen Weinlokalen, Restaurants sowie interessanten kleinen Läden und Geschäften geprägten Gassen und Straßen der Wiesbadener Altstadt. Hier stehen auch einige der ältesten bis heute erhalten gebliebenen Gebäude der Stadt.

Mittwochs und samstags herrscht vor dem Wiesbadener Rathaus buntes Markttreiben

Länge: ca. 1 km
Strecke: eben und einfach

Unser Spaziergang durch die Wiesbadener Altstadt beginnt am zentral gelegenen Schlossplatz, der von den Bewohnern der hessischen Landeshauptstadt häufig auch schlicht „Marktplatz" genannt wird. Das großzügig angelegte, von beeindruckenden Gebäuden

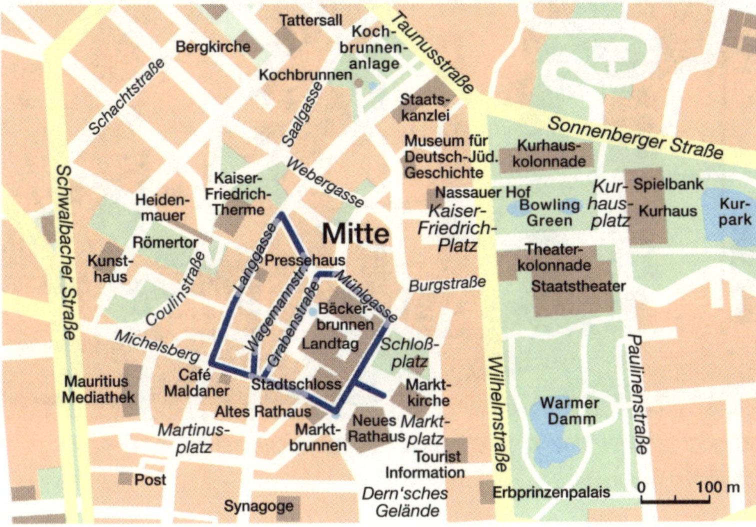

aus unterschiedlichen Epochen der Stadtgeschichte gesäumte Areal war bereits zu Zeiten des mittelalterlichen „Wisibada" ein bedeutendes Zentrum des gesellschaftlichen und wirtschaftlichen Lebens. Damals wurde auch die Tradition des Wiesbadener Wochenmarkts begründet, welcher heute mittwochs und samstags von 7 bis 14 Uhr auf dem direkt an den Schlossplatz angrenzenden Dern'schen Gelände stattfindet. Umrahmt von einem glanzvollen architektonischen Ensemble werden an unzähligen Marktständen regionales Obst und Gemüse, aber auch frische Backwaren, Wurst, Käse und viele weitere Köstlichkeiten angeboten.

Anfahrt: Haltestelle Dern' sches Gelände (verschiedene Bussteige), Buslinien 1, 2, 4, 5, 8, 14 –18, 21 –24, 27, 45 –48; dann entlang der unteren Marktstraße in Richtung Schlossplatz

Das in den Jahren 1608 – 1610 nach Plänen von Valerius Bausendorf im Stil der späten Renaissance errichtete Alte Rathaus ist, mit Ausnahme der Fragmente der spätrömischen Heidenmauer, das älteste erhaltene Gebäude der Wiesbadener Innenstadt. Seine heutige

Blick auf das im frühen 17. Jahrhundert erbaute Alte Rathaus und den historischen Marktbrunnen

Gestalt erhielt es jedoch erst 1829, als im Zuge einer erheblichen baulichen Umgestaltung das aus Eichenholz gefertigte Fachwerk-Obergeschoss durch einen gotisierenden Steinaufbau ersetzt wurde. Unterhalb der Fensterbrüstungen symbolisieren steinerne Reliefs die Tugenden Stärke, Gerechtigkeit, Klugheit, Mäßigung, Nächstenliebe, Hoffnung und Glaube. Das vor wenigen Jahren umfassend sanierte und restaurierte Gebäude beherbergt heute das Wiesbadener Standesamt.

Vor dem Alten Rathaus steht der historische Marktbrunnen. Er wurde 1753 errichtet und ist eines der wenigen erhaltenen Bauwerke aus der Epoche des Rokoko. Auf der Brunnensäule thront der Nassauische Löwe, der das drei goldene Lilien auf blauem Grund zeigende Stadtwappen in seinen Pranken hält.

Das ehemalige Stadtschloss der Herzöge von Nassau, vis-à-vis des Alten Rathauses gelegen, entstand in den Jahren 1837–1841 nach Plänen des großherzoglich-darmstädtischen Oberbaudirektors Georg Moller (1784–1852). Die schlichte Eleganz der klassizistischen Residenz sowie deren Errichtung im lebendigen Zentrum der Wiesbadener Altstadt sollten die Bürgernähe des Hauses Nassau verdeutlichen. Deshalb wurde das Stadtschloss auch nicht architektonisch von den es umgebenden Gebäuden abgesetzt, sondern in die bestehenden Häuserzeilen integriert.

Herzog Adolf (1817–1905), der seinem verstorbenen Vater Wilhelm 1839 auf den Thron folgte, blieb jedoch der einzige nassauische Fürst, der im Wiesbadener Schloss residierte. 1866 wurde das Herzogtum Nassau, welches im Krieg zwischen Österreich und Preußen auf Seiten der Donaumonarchie gekämpft hatte, dem siegreichen Königreich Preußen einverleibt. In der Folge diente das Stadtschloss der preußischen Königsfamilie, die ab 1871 auch den deutschen Kaiser stellte, während ihrer häufigen und ausgedehnten Besuche der eleganten Weltkurstadt als standesgemäße Urlaubsresidenz.

Seit 1946 ist das Wiesbadener Stadtschloss Sitz des Hessischen Landtags. Das hessische Parlament tagt jedoch nicht in den historischen Räumlichkeiten des Schlossgebäudes, sondern in einem modernen Plenarsaal, der 2008 vollständig neu angelegt wurde und sich im Innenhof des Schlosses befindet. Die prachtvollen Säle und Salons der ehemaligen nassauischen Residenz dienen ausschließlich repräsentativen Zwecken und bilden den eleganten Rahmen für offizielle Empfänge, Preisverleihungen und Feierstunden. Zudem wird der Musiksaal des Schlosses für eine Vielzahl kultureller Veranstaltungen genutzt.

Jeden Samstag bietet der Besucherservice des Hessischen Landtags um 15 Uhr eine kos-

Das ehemalige Stadtschloss der Herzöge von Nassau ist seit 1946 Sitz des Hessischen Landtags

tenlose Führung an, die interessante Einblicke in die Arbeit des Hessischen Landesparlaments gewährt und zudem einen Rundgang durch das Stadtschloss umfasst.

BESUCHERDIENST DES HESSISCHEN LANDTAGS
Schlossplatz 1 – 3 · 65183 Wiesbaden
Telefon: (0611) 35 02 94 · Fax: (0611) 35 01 308
besucher@ltg.hessen.de · www.hessischer-landtag.de
Kostenlose Führung: Samstag 15 Uhr
Treffpunkt: Haupteingang, Schlossplatz 1 (am Marktbrunnen)

Wir überqueren nun den Schlossplatz in Richtung des Neuen Rathauses. Vor dem Amtssitz des Wiesbadener Oberbürgermeisters befindet sich eine bereits 1905 angelegte und vor wenigen Jahren restaurierte Wappeninsel, deren Mosaike an die geschichtliche Entwicklung der Stadt im 19. Jahrhundert erinnern. Zentrales Motiv ist der Preußische Adler, welcher von den Wappen der Stadt Wiesbaden und der preußischen Provinz Hessen-Nassau flankiert wird.

Ansicht der dem Dern'schen Gelände zugewandten Südfassade des Neuen Rathauses

Das Neue Rathaus entstand in den Jahren 1884–1887 nach Plänen Georg von Hauberrissers (1841–1922), der bereits mit dem Bau des weltberühmten Rathauses am Münchener Marienplatz internationales Renommee gewonnen hatte. In den Bombennächten des Zweiten Weltkriegs schwer beschädigt, wurde das einst prunkvolle Neorenaissance-Gebäude 1951 aus Kostengründen in deutlich bescheidenerer Form wieder aufgebaut und erhielt seine heutige Gestalt.

Die neogotische Marktkirche wurde Mitte des 19. Jahrhunderts als „Nassauischer Landesdom" errichtet

In unmittelbarer Nachbarschaft des Neuen Rathauses streben die majestätischen Türme der evangelischen Marktkirche gen Himmel. Das beeindruckende, vollständig mit roten Backsteinziegeln verkleidete Gotteshaus wurde in den Jahren 1853–1862 von Hofbaumeister Carl Boos (1806–1883) als „Nassauischer Landesdom" im neogotischen Stil errichtet. Ästhetisches Vorbild der dreischiffigen Basilika war die von dem berühmten Architekten Karl Friedrich Schinkel (1781–1841) erbaute Friedrichswerdersche Kirche zu Berlin. Mit ihrem 98 Meter hohen Hauptturm ist die Marktkirche bis zum heutigen Tage Wiesbadens höchstes Gebäude.

Jeden Samstag findet in der Marktkirche um 11.30 Uhr ein frei zugängliches Orgelkonzert statt, das etwa eine halbe Stunde dauert und sich bei Freunden klassischer und geistlicher Musik großer Beliebtheit erfreut. Im Anschluss erklingt das Turmglockenspiel, welches vom Organisten der Gemeinde mittels einer mechanischen Klaviatur bedient wird.

EVANGELISCHE MARKTKIRCHENGEMEINDE
Schlossplatz 4 · 65183 Wiesbaden
Telefon: (0611) 90 01 611 · Fax: (0611) 90 01 617
kontakt@marktkirche-wiesbaden.de · www.marktkirche-wiesbaden.de
Öffnungszeiten der Kirche: Di., Do., Fr. 14 – 18 Uhr, Mi. 10 – 11.30 Uhr und 14 – 18 Uhr, Sa. 10 – 11 Uhr und 12 – 14 Uhr, So. 14 – 17 Uhr

Das bronzene Standbild des niederländischen Fürsten Wilhelm von Oranien vor dem Hauptportal der Marktkirche

Vor dem Hauptportal der Marktkirche steht ein Denkmal für Wilhelm von Oranien (1533 – 1584). Der den Beinamen „Der Schweiger“ tragende Fürst entstammte dem weitverzweigten Geschlecht der Grafen von Nassau und befreite die Niederlande von der spanischen Herrschaft. Noch heute bewahrt ihm die niederländische Nationalhymne „Het Wilhelmus“ ein ehrendes Andenken. Sein bronzenes Standbild wurde der Stadt Wiesbaden im Jahre 1907 von Kaiser Wilhelm II. gestiftet.

Gegenüber der Marktkirche befinden sich zwei historische Gebäude, deren Räumlichkeiten heute von den Abgeordneten des Hessischen Landtags genutzt werden. Das direkt an den Ostflügel des Stadtschlosses anschließende Kavaliershaus wurde 1826 als Geschäftshaus errichtet, die benachbarte ehemalige Kaiser-Wilhelms-Heilanstalt, eine Stiftung des deutschen Kaisers Wilhelm I., diente ursprünglich als Militärhospital.

Wir biegen nun linker Hand in die Mühlgasse ein und gelangen nach wenigen Metern ins Zentrum der Wiesbadener Altstadt. In der Goldgasse laden zahlreiche stets gut besuchte Restaurants, Bistros und Bars dazu ein, eine Erfrischung zu sich zu nehmen und dabei die lebendige Atmosphäre des historischen Stadtkerns zu genießen.

Linker Hand der Goldgasse befinden sich die historischen Häuserzeilen des aufgrund seines ovalen Straßengrundrisses sogenannten „Altstadtschiffchens“. Es wird von der Grabenstraße und der Wagemannstraße, welche an beiden Enden durch ein Eckgebäude miteinander verbunden sind, gebildet und beherbergt neben alteingesessenen Gaststätten und Weinstuben auch eine Vielzahl interessanter kleiner Läden und Geschäfte.

Blick auf die ehemalige Kaiser-Wilhelms-Heilanstalt

Die von urigen Weinstuben und kleinen Läden geprägte Grabenstraße bildet den unteren Teilabschnitt des historischen „Altstadtschiffchens“

Am Bäckerbrunnen versorgten sich einst viele Hotels und Gasthäuser der Altstadt mit heißem Thermalwasser

Der Grabenstraße folgend, gelangen wir nach wenigen Metern zum Bäckerbrunnen, der seit 1906 von einem romantisch anmutenden Fachwerkhaus überdacht wird. Die öffentlich zugängliche Thermalquelle lieferte bereits im 18. Jahrhundert den in den Gassen der Altstadt ansässigen Metzgern und Bäckern Brauchwasser für die Herstellung ihrer Produkte. Zudem versorgten sich hier bis ins frühe 20. Jahrhundert hinein jene Hotels und Gasthäuser, die über keinen eigenen Quellzugang verfügten, mit heißem Thermalwasser. Selbstverständlich steht es auch dem heutigen Besucher des Bäckerbrunnens frei, eine Kostprobe des u. a. zur Kurierung von Atemwegserkrankungen eingesetzten Heilwassers zu

Der Eingang zum modernen Plenarsaal des Hessischen Landtags in der Grabenstraße

nehmen. Aufgrund der chemischen Zusammensetzung des Thermalwassers sollte jedoch nicht mehr als ein Liter genossen werden.

Im Anschluss setzen wir unseren Weg entlang der von schönen spätklassizistischen Wohnhäusern gesäumten Grabenstraße fort und erblicken linker Hand den im Jahre 2008 neu errichteten Plenarsaal des Hessischen Landtags. Nach etwa 100 Metern erreichen wir die Marktstraße und biegen rechter Hand in den oberen Teil des „Schiffchens“, die Wagemannstraße, ein.

In der Wagemannstraße Nr. 5/7 befindet sich Wiesbadens ältestes erhaltenes Bürgerhaus

Wenige Schritte entfernt, in der Wagemannstraße Nr. 5/7, steht Wiesbadens ältestes bis heute erhaltenes Bürgerhaus. Das barocke, mit steinernen Masken schmückend verzierte Gebäude wurde im Jahre 1728 errichtet und beherbergte ursprünglich die Wohn- und Geschäftsräume der aus Italien eingewanderten Kaufmannsfamilie Cetto.

Die Wagemannstraße ist von traditionsreichen Weinstuben, Kneipen und kleineren Läden geprägt. Dem weiteren Verlauf der ehemals „Metzgergasse“ genannten Straße folgend, gelangen wir zum auffallend schief stehenden Haus Nr. 33. Es wurde bereits 1730 errichtet und ist damit eines der wenigen aus dem 18. Jahrhundert stammenden Gebäude der Stadt.

Wieder in der Goldgasse angekommen, halten wir uns links und biegen nach wenigen Metern in die Langgasse ein. Unser Weg führt nun linker Hand entlang der von Boutiquen, Geschäften und Cafés gesäumten Einkaufsmeile in Richtung Marktstraße. Wir passieren zunächst Heidenmauer und Römertor, die wir im Rahmen unserer ers-

Bronzenes 3-D-Modell des „Historischen Fünfecks“

ten Tour bereits ausführlich besichtigt haben, und gelangen schließlich rechter Hand zur Schützenhofstraße. Hier stand zu Zeiten der römischen Siedlung Aquae Mattiacorum ein vom Thermalwasser der Schützenhofquelle gespeister Tempel für die keltische Quellgöttin Sirona. Vor wenigen Jahren wurde an gleicher Stelle eine moderne, ästhetisch äußerst umstrittene Brunnenanlage erbaut. Die in die Brunnenwand eingelassene Jugendstilmaske „Der bärtige Alte“ war zufällig bei Bauarbeiten in der Nähe des Wiesbadener Hauptbahnhofs gefunden worden.

Unweit der Schützenhofstraße biegen wir nun linker Hand in die Marktstraße ein, welche Wiesbadens Haupteinkaufsachse mit dem Schlossplatz verbindet. Hier fällt unser Blick auf ein in Bronze gegossenes 3-D-Modell des „Historischen Fünfecks“, welches die Straßenzüge und Bauwerke des Wiesbadener Stadtzentrums im Maßstab 1:750 darstellt. Das im Januar 2011 aufgestellte Kunstwerk ist als Tastmodell mit Blindenschrift konzipiert und ermöglicht blinden und sehbehinderten Menschen einen direkten sinnlichen Eindruck der architektonischen Schönheiten des historischen Stadtkerns.

★ **EINKEHRTIPP** ★ Das traditionsreiche Café Maldaner, eine in ganz Wiesbaden bekannte und beliebte Institution, wurde bereits 1859 gegründet und verwöhnt seine Gäste seitdem mit einem vielfältigen Angebot hervorragender Kaffee- und Konditoreispezialitäten. Die elegante, noch aus Wilhelminischer Zeit stammende Inneneinrichtung verleiht dem „Maldaner“ jenes unvergleichliche Flair, das junge und alte Wiesbadener, Künstler und Städtereisende gleichermaßen in seinen Bann zieht.

CAFÉ MALDANER
Marktstraße 34
65183 Wiesbaden
Telefon: (0611) 30 52 14
info@maldaner1859.de
www.maldaner1859.de
Öffnungszeiten:
Mo. bis Sa. 8.30 - 19 Uhr,
Sonn- und Feiertage 10 - 18 Uhr

Wiener Kaffeehaus-Flair inmitten der Wiesbadener Altstadt: das traditionsreiche Café Maldaner

Dem weiteren Verlauf der Marktstraße folgend, erreichen wir unterhalb der Grabenstraße die traditionsreiche, für ihre guten Weine und deftigen hessischen Spezialitäten bekannte Gaststätte „Uhrturm". Eine an der Fassade angebrachte Gedenktafel sowie der Name des alteingesessenen Weinlokals erinnern daran, dass an gleicher Stelle bis 1873 der historische Uhrturm stand. Das mittelalterliche Stadttor, welches seit Jahrhunderten das Bild der Marktstraße geprägt hatte, fiel jedoch keiner Brandkatastrophe, sondern dem Ehrgeiz moderner Stadtplaner zum Opfer. Sie sahen den Uhrturm lediglich als lästiges Verkehrshindernis und verfügten schließlich seinen Abriss.

RESTAURANT UHRTURM
Marktstraße 15 · 65183 Wiesbaden · Telefon: (0611) 37 30 30
Öffnungszeiten: Mo. bis Sa. 11.30 – 24 Uhr
Sonn- und Feiertage: geschlossen

Nach wenigen Metern gelangen wir wieder auf den Schlossplatz, wo unser Spaziergang durch die Wiesbadener Altstadt begonnen hat.

Von Fürsten, Herzögen und Sektbaronen – die ehemalige Residenzstadt Biebrich am Rhein

Von Fürsten, Herzögen und Sektbaronen – die ehemalige Residenzstadt Biebrich am Rhein

Der am Ufer des Rheins gelegene Vorort Biebrich war bis zu seiner Eingemeindung im Jahre 1926 eine eigenständige Kleinstadt, deren soziale und wirtschaftliche Entwicklung sich deutlich von jener des unweit gelegenen Wiesbaden unterschied. Während die traditionsreiche Kurstadt im Verlauf des 19. Jahrhunderts zum mondänen Treffpunkt der europäischen High Society avancierte, entstanden in Biebrich zahlreiche bedeutende Industrieunternehmen, die das gesellschaftliche Leben des mit etwa 39.000 Einwohnern größten Wiesbadener Stadtteils noch heute entscheidend prägen.

Biebrich kann jedoch auch auf eine beeindruckende hochherrschaftliche Vergangenheit zurückblicken, von welcher bis zum heu-

tigen Tage das prachtvolle Biebricher Schloss sowie der als englischer Landschaftsgarten angelegte Schlosspark künden. Die barocke Schlossanlage, deren Bau bereits im Jahre 1700 begonnen hatte, war von 1744 bis 1841 die repräsentative Hauptresidenz des nassauischen Fürstenhauses und blieb bis zur Annexion durch Preußen ein bedeutendes politisches Zentrum des Herzogtums Nassau. Zudem wirkte sich Biebrichs Ernennung zur Residenzstadt positiv auf die Entwicklung des zur Mitte des 18. Jahrhunderts kaum 2.000 Einwohner zählenden Kurortes Wiesbaden aus. Mit der Ansiedlung von Verwaltungs- und Regierungsbehörden sowie durch die großzügige Förderung des Kurbetriebs legten die Fürsten von Nassau den Grundstein für Wiesbadens späteren Aufstieg zur Weltkurstadt.

Länge: ca. 3 km
Strecke: weitestgehend eben und einfach

Unsere Tour durch die ehemalige Residenzstadt Biebrich beginnt an der bei schönem Wetter von Ausflüglern aus nah und fern bevölkerten Rheinpromenade, die dazu einlädt, entlang der reizvollen Gestade des größten deutschen Stroms zum Schiersteiner Hafen und zu den Rheinwiesen zu spazieren. Zudem ist der am Biebricher

Die Biebricher Rheinpromenade ist ein beliebter Ausgangspunkt für stimmungsvolle Schiffstouren zu den schönsten Sehenswürdigkeiten des größten deutschen Stroms

Rheinufer gelegene Dampferlandeplatz seit dem 19. Jahrhundert ein beliebter Treffpunkt für all jene, welche den malerischen Rheingau sowie das zum UNESCO-Weltkulturerbe zählende Obere Mittelrheintal im Verlauf einer stimmungsvollen Schiffsreise erkunden möchten.

Anfahrt: Haltestelle Rheinufer/Adolf-Todt-Straße oder Haltestelle Rheinufer/Rheingaustraße, Buslinien 3, 4, 9, 14, 38, 39

KÖLN-DÜSSELDORFER DEUTSCHE RHEINSCHIFFFAHRT AG
Frankenwerft 35 · 50667 Köln · Telefon: (0221) 20 88 318
Fax: (0221) 20 88 345 · info@k-d.com · www.k-d.com

PRIMUS-LINIE · Mainkai 36 · 60311 Frankfurt am Main
Telefon: (069) 13 38 370 · Fax: (069) 13 38 37 26
mail@primus-linie.de · www.primus-linie.de

Wenige Schritte von den Ankerplätzen der großen Rheinschiffe entfernt verbindet eine kleine Fähre die Uferpromenade mit der inmitten des Rheins gelegenen Rettbergsau, welche sich auf etwa drei Kilometern Länge von Biebrich bis nach Schierstein erstreckt. Die in weiten Teilen als Naturschutzgebiet ausgewiesene Flussinsel, deren idyllische Sandstrände früher von zwei großen Freibädern genutzt wurden, ist ein bei Alt und Jung gleichermaßen beliebtes Ausflugsziel. Während der von Ende April bis Mitte September dauernden Saison können die zahlreichen attraktiven Freizeit- und Sportanlagen der Rettbergsau (u. a. Basketball- und Volleyballfelder, eine Frei-

Die inmitten des Rheins gelegene Rettbergsau bietet zahlreiche Möglichkeiten für eine attraktive Freizeitgestaltung

luftkegelbahn sowie mehrere Grill- und Spielplätze) kostenlos genutzt werden.

FÄHRE „TAMARA" · Wiesbadener Personenschifffahrt
Adrian Aidoiu · Lippestraße 2 · 65201 Wiesbaden
Telefon: (0171) 95 60 511 · aidoiu@t-online.de
www.tamara.rettbergsau.de
Saison: Ende April bis Mitte September (täglich)
Preise (Hin- und Rückfahrt): Erwachsene (ab 16): 3 €
Kinder u. Jugendliche (4 – 16): 1,50 €
Fahrplanauskünfte und Vergünstigungen auf Anfrage
Hunde sind auf der Rettbergsau leider nicht gestattet

Die Rheinpromenade in Richtung Schierstein entlangspazierend, passieren wir zunächst die beeindruckende Barockfassade des Biebricher Schlosses, welches wir im Anschluss noch ausführlich besichtigen werden, und erreichen nach wenigen Schritten die romantisch unweit des Flussufers gelegene „Wagner-Villa". In den Balkonzimmern der Rheinseite hatte sich von Februar bis November 1862 der berühmte deutsche Komponist Richard Wagner (1813 – 1883) eingemietet, um an seinem weltbekannten Opernwerk „Die Meistersinger von Nürnberg" zu arbeiten. Die an der Gartenmauer der Vil-

In der „Wagner-Villa" komponierte der berühmte deutsche Musikdramatiker bedeutende Passagen seiner „Meistersinger"

la angebrachte Bronzetafel, welche auf Wagners beinahe einjährigen Biebrich-Aufenthalt verweist, sorgt in dieser Hinsicht jedoch für Missverständnisse. Der bedeutende Musikdramatiker komponierte hier nämlich nicht die gesamten „Meistersinger", sondern lediglich das Vorspiel zum 1. Akt sowie größere Passagen des 3. Aktes. Obwohl sich Richard Wagner, wie persönliche Briefe belegen, von der idyllischen Atmosphäre des Biebricher Rheinufers inspiriert fühlte, wurde sein hiesiges Wirken von zahlreichen Schwierigkeiten überschattet. Finanzielle Probleme, komplizierte amouröse Verwicklungen sowie ein schmerzhafter Biss des Haushundes in des Maestros rechte Hand ließen die künstlerische Arbeit erheblich ins Stocken geraten. Als der Mainzer Musikverleger Franz Schott daraufhin seine Vorschusszahlungen einstellte, konnte Wagner seine Mietrückstände nicht mehr begleichen und musste Biebrich im November 1862 wieder verlassen.

Wir wenden uns nun dem Biebricher Schloss zu, das in den Jahren 1744–1841 die repräsentative Hauptresidenz der Grafen und späteren Herzöge von Nassau war. Obwohl sich dem Betrachter das Bild eines in sich geschlossenen architektonischen Ensembles bietet, verlief der Bau der prachtvollen barocken Schlossanlage in mehreren Etappen und erstreckte sich über einen Zeitraum von insgesamt 50 Jahren. Ältester Gebäudeteil ist der im Jahre 1700 als reizvoll gelegenes Sommerschlösschen errichtete Westpavillon, welcher kurze Zeit später durch sein spiegelbildliches Gegenüber, den Ostpavillon, ergänzt wurde. Beeindruckt von der idyllischen landschaftlichen Umgebung, entschloss sich Fürst Georg August Samuel (1666–1721) schließlich, entlang des Biebricher Rheinufers ein größeres Residenzpalais erbauen zu lassen. Unter der Leitung des bedeutenden Barockarchitekten Maximilian von Welsch (1671–1745) wurde die repräsentative, von 16 Statuen antiker Götter gekrönte Rotunde des Biebricher Schlosses errichtet und durch zwei Galerien mit den seitlich gelegenen Pavillons verbunden. Nachdem die Schlossanlage in den folgenden Jahrzehnten zudem um zwei großzügige Seitenflügel erweitert worden war, verlegte Fürst Karl (1712–1775) die Hauptresidenz des nassauischen Herrscherhauses im Jahre 1744 von Usin-

Das Biebricher Schloss wurde im frühen 18. Jahrhundert von einem kleinen Sommerpalais zur hochherrschaftlichen Hauptresidenz der Fürsten von Nassau ausgebaut

gen an die Gestade des Rheins, was sowohl die Entwicklung Biebrichs als auch die Geschicke der unweit gelegenen Kurstadt Wiesbaden entscheidend prägen sollte.

Heute dienen die hochherrschaftlichen Räumlichkeiten des Biebricher Schlosses der Repräsentation der Hessischen Landesregierung und beherbergen zudem verschiedene Institutionen wie das Landesamt für Denkmalpflege und die Wiesbadener Filmbewertungsstelle. Leider sind die beeindruckenden Säle und Salons der ehemaligen nassauischen Residenz nicht öffentlich zugänglich. Die Wiesbadener Tourist-Information (siehe Service-Teil) bietet jedoch regelmäßig interessante Führungen durch die barocke Schlossanlage an.

Den Westflügel linker Hand passierend, betreten wir nun den Schlosspark, dessen harmonisch angelegte Wege zu ausgedehnten Spaziergängen entlang weitläufiger Wiesenflächen und altehrwürdiger, zum Teil exotischer Baumbestände einladen. Der aufgrund sei-

Blick entlang der östlichen Galerie auf die Rotunde des Schlosses

Bunt gefiederte Exoten: die frei lebenden Zwergpapageien des Schlossparks

nes botanischen Reichtums und der idyllischen Atmosphäre weithin bekannte Park erstreckt sich auf einer Gesamtfläche von etwa 35 Hektar und wurde in den Jahren 1817–1823 nach Plänen Friedrich von Sckells (1750–1823) angelegt. Herzog Wilhelm (1792–1839) hatte den bedeutenden Gartenbauarchitekten damit beauftragt, den seit 1708 bestehenden Barockgarten des Schlosses in einen englischen Landschaftsgarten umzuwandeln und die gesamte Parkanlage großzügig zu erweitern. Im Rahmen der Neukonzeption des Schlossparks war von Sckell jedoch auch bemüht, Teile der bestehenden Anlagen in seinen Landschaftsgarten zu integrieren. Die Springfontäne, zwei kleine, das Schloss symmetrisch flankierende Alleen sowie die den Park in gerader Linie durchziehende Hauptallee zeugen noch heute von der an geometrischen Formen orientierten Ästhetik barocker Gartenbaukunst.

★ TIPP ★ Alljährlich zu Pfingsten strömen über 30.000 Besucher in den Biebricher Schlosspark, um das einzigartige Flair eines der renommiertesten Turniere des internationalen Pferdesports aus nächster Nähe zu erleben. An den traditionsreichen Wettbewerben des im Jahre 1929 erstmals ausgerichteten Internationalen Pfingstturniers nehmen die weltbesten Dressur- und Springreiter teil, welche während ihrer Parcours-Ritte auf beeindruckende Weise das harmonische Zusammenwirken von Mensch und Tier demonstrieren. Zudem bietet das Pfingstturnier seinen Besuchern ein attraktives Rahmenprogramm, das u.a. artistische Vorführungen, zahlreiche gastronomische Verlockungen sowie abwechslungsreich gestaltete Angebote für die jüngsten Turniergäste umfasst. Am Freitag findet nach Sonnenuntergang auf dem stimmungsvoll illuminierten Turnierplatz die „Wiesbadener Pferdenacht" statt, eine spektakuläre Gala-Show, die zu einer faszinierenden Zeitreise durch die Geschichte des Reitsports einlädt.

Eine bei den Besuchern des Schlossparks besonders beliebte Attraktion sind die zahlreichen frei lebenden Zwergpapageien, welche den idyllischen Landschaftsgarten seit über 30 Jahren bevölkern. Bei den grün gefiederten, ursprünglich in Afrika und Asien beheimateten Exoten handelt es sich um Halsbandsittiche und Große Alexandersittiche. Die von entflogenen Zuchtvögeln abstammenden Papageien trotzen in ihren Baumhöhlen selbst schärfstem Frost und haben sich in den vergangenen Jahrzehnten so erfolgreich vermehrt, dass kleinere Popu-

Alljährlich treffen sich im Biebricher Schlosspark die weltbesten Reitsportler zum Internationalen Pfingstturnier

Das Dilthey-Haus im historischen Biebricher Ortsteil Alt-Mosbach

lationen mittlerweile auch in den Parks der Wiesbadener Innenstadt angetroffen werden können.

Am Turnierplatz, welcher sich in unmittelbarer Nähe des Westflügels des Biebricher Schlosses befindet, wenden wir uns nach rechts und durchqueren den englischen Landschaftsgarten in östlicher Richtung. Dem Verlauf des den Park in gewundenen Linien durchfließenden Mosbachs folgend, erreichen wir nach kurzer Zeit einen rechter Hand gelegenen Kinderspielplatz. Durch den nahen Seitenausgang verlassen wir den Schlosspark und gelangen in den historischen Ortsteil Alt-Mosbach, der sich bis zum heutigen Tage seinen dörflich anmutenden Charme bewahrt hat.

Eine kunstvolle Wandmalerei erinnert an den Philosophen Wilhelm Dilthey, der hier seine Kindheit und frühe Jugend verbrachte

Die Straße „Am Schlosspark“ linker Hand in nördlicher Richtung entlangspazierend, ist nach wenigen Metern das Dilthey-Haus erreicht. An der aufwendig restaurierten Fassade des bereits 1696 errichteten Fachwerkgebäudes erinnert eine kunstvoll gestaltete Wandmalerei daran, dass hier der berühmte deutsche Philosoph Wilhelm Dilthey (1833–1911) seine Kindheits- und Jugendjahre verbrachte. Heute beherbergt das ehemalige evangelische Pfarrhaus der Gemeinde Mosbach eine gemütliche gutbürgerliche Gaststätte, welcher auf der gegenüberliegenden Straßenseite ein kleiner Biergarten angeschlossen ist. An dessen rückwärtiger Mauer wurden vier bedeutende Söhne der bis 1926 eigenständigen Stadt Biebrich malerisch verewigt. Neben Wilhelm Dilthey zeigen die Porträtdarstellungen Generaloberst Ludwig Beck (1880–1944), einen der führenden Köpfe des militärischen Widerstands gegen Hitler, sowie den Diplomaten Carl von Bunsen (1821–1887) und Seligmann Baer (1825–1897), einen jüdisch-deutschen Bibelwissenschaftler.

Anfahrt: Haltestelle Herzogsplatz, Buslinien 4, 14, 38, 39

GASTSTÄTTE DILTHEY-HAUS
Am Schlosspark 129
65203 Wiesbaden
Telefon: (0611) 98 87 86 66
info@dilthey-haus.de
www.dilthey-haus.de
Öffnungszeiten:
Mo. bis Fr., So. 11.30 - 14 Uhr und täglich ab 16.30 Uhr

Die evangelische Hauptkirche von Alt-Mosbach war einst die offizielle Hofkirche der im Biebricher Schloss residierenden Fürsten von Nassau

Bevor unser Weg wieder in den Schlosspark zurückführt, folgen wir dem weiteren Verlauf der Straße „Am Schlosspark“

bis zur evangelischen Hauptkirche von Alt-Mosbach. Das kleine, von einem spätgotischen Glockenturm gekrönte Gotteshaus wurde in den Jahren 1710–1716 errichtet und war einst die offizielle Hofkirche der im Biebricher Schloss residierenden Fürsten von Nassau.

EVANGELISCHE HAUPTKIRCHENGEMEINDE BIEBRICH
Elise-Kirchner-Straße 15 · 65203 Wiesbaden
Telefon: (0611) 60 39 59 · Fax: (0611) 96 00 951
info@hauptkirche-biebrich.de · www.hauptkirche-biebrich.de
Öffnungszeiten der Kirche: nach Vereinbarung

Anschließend kehren wir zum Dilthey-Haus zurück, biegen am Biergarten rechter Hand in die schmale Mosburgstraße ein und gelangen schließlich durch einen Seiteneingang wieder in den Schlosspark. Nach kurzer Zeit erreichen wir den idyllischen, von einer bunten Vielfalt unterschiedlicher Wasservögel bevölkerten Weiher des Schlossparks. Unweit des östlichen Ufers erhebt sich die Mosburg, eine künstliche, im Stil der Romantik angelegte Ruine, welche 1804

Die idyllisch am Ufer des Schlossparkweihers gelegene Mosburg wurde zu Beginn des 19. Jahrhunderts als künstliche Ruine errichtet

nach Plänen des nassauischen Hofbaudirektors Carl Florian Goetz (1763–1829) errichtet wurde. Ursprünglich befanden sich im Innern der Mosburg prunkvolle, mit Holzvertäfelungen und vergoldeten Schmuckelementen reich verzierte Säle und Salons, in denen die Fürsten von Nassau rauschende Feste und Bälle zu feiern pflegten. Von der romantischen Atmosphäre der mittelalterlich anmutenden Burganlage fühlte sich auch der 1862 in Biebrich weilende Komponist Richard Wagner angezogen. Er beabsichtigte zeitweilig sogar, Herzog Adolf zu bitten, hier an seinen „Meistersingern" arbeiten zu dürfen. Während des Zweiten Weltkriegs wurde die Mosburg von Bomben schwer getroffen, wobei die wunderschönen neogotischen Innenräume, welche in den Jahren zuvor das Biebricher Heimatmuseum beherbergt hatten, vollständig ausbrannten.

Unsere Tour rechter Hand fortsetzend, gelangen wir nach wenigen Metern zum klassizistischen Nordportal des Schlossparks und betreten die Äppelallee. Wir halten uns zunächst rechts, folgen der Äppelallee wenige Meter und biegen dann an der großen Kreuzung linker Hand in die bergan führende Biebricher Allee ein. Die von beeindruckenden alten Villen gesäumte Alleestraße in gemütlichem Tempo etwa zehn Minuten entlangspazierend, gelangen wir zum Landesdenkmal, das sich direkt neben der Richard-Wagner-Anlage, einem reizvollen, von der Firma Henkell gestifteten Park, befindet.

Das Landesdenkmal erinnert an Herzog Adolf, den letzten regierenden Fürsten von Nassau

Das im Jahre 1909 errichtete Landesdenkmal erinnert an Herzog Adolf, den letzten regierenden Fürsten von Nassau, der 1890 als Großherzog von Luxemburg inthronisiert wurde. Sein bronzenes Standbild steht vor einem 15 Meter hohen Obelisken, dessen Sockel von einem kunstvoll gestalteten Relief schmückend umrahmt wird. An der Rückfront liegt ein mächtiger, aus Bronze gegossener Nassauischer Löwe, der seinen wachsamen Blick über den angrenzenden Park schweifen lässt. Zum großen Teil aus Bürgerspenden finanziert, verdeutlicht das Landesdenkmal auf beeindruckende Weise, wie tief sich die Wiesbadener Bevölkerung auch in preußischer Zeit noch mit ihrem ehemaligen Herrscherhaus verbunden fühlte.

Anfahrt: Haltestelle Landesdenkmal, Buslinien 4, 14, 38

★ **TIPP** ★ Die Biebricher Allee an einer wenige Schritte entfernten Ampelanlage überquerend, erreichen wir rechter Hand das elegante Stammhaus der traditionsreichen Sektkellerei Henkell. Es wurde in den Jahren 1907–1909 von Paul Bonatz (1877–1956) im neoklassizistischen Stil errichtet und ist ein beeindruckendes Zeugnis der phänomenalen wirtschaftlichen Entwicklung, die das 1832 in Mainz als kleine Weinhandlung gegründete Unter-

Blick auf das elegante Stammhaus der traditionsreichen Sektkellerei Henkell

nehmen in der zweiten Hälfte des 19. Jahrhunderts genommen hatte. Verantwortlich für den Aufstieg der Firma Henkell zu einem der erfolgreichsten und renommiertesten Sekthersteller Europas war Otto von Henkell, der den Familienbetrieb mit großem Engagement ausbaute und 1894 die weltbekannte Marke „Henkell Trocken" auf den Markt brachte.

Das prunkvolle Foyer zeugt vom beeindruckenden Aufstieg der Sektkellerei im späten 19. Jahrhundert

Die Sektkellerei Henkell bietet regelmäßig interessante Führungen an, welche im mit italienischem Marmor prunkvoll geschmückten Foyer des Stammhauses beginnen. Der abwechslungsreich gestaltete Rundgang durch den beeindruckenden Weinkeller, das hauseigene Museum sowie die modernen Produktionsanlagen gewährt interessante Einblicke in Geschichte und Herstellung des edel perlenden Getränks. Krönender Abschluss der Führung ist eine kleine Sektprobe, bei der die erlesenen Tropfen des traditionsreichen Hauses verkostet werden können.

HENKELL & CO. SEKTKELLEREI KG
Biebricher Allee 142 · 65187 Wiesbaden
Telefon: (0611) 63 0 · Fax: (0611) 63 351
info@henkell-sektkellerei.de · www.henkell-sektkellerei.de
Führungen: Öffentliche Führung Sa. 12 – 13 Uhr (Tickets über Tourist-Information), weitere Führungen auf Anfrage (Anmeldung bei Henkell)
Preis (Standardführung): 8 € · Dauer: ca. 1 Stunde

M D C C

Durch die grüne Lunge der Stadt – von der Burg Sonnenberg zum „Nizzaplätzchen“

Durch die grüne Lunge der Stadt – von der Burg Sonnenberg zum „Nizzaplätzchen"

Wiesbaden, idyllisch zwischen den bewaldeten Hängen des Taunus und den Gestaden des Rheins gelegen, gilt aufgrund der anmutigen landschaftlichen Umgebung und dank seiner wunderschönen weitläufigen Parkanlagen als eine der „grünsten Städte" Deutschlands. Zahlreiche an englischen Vorbildern orientierte Landschaftsgärten durchziehen seit dem 19. Jahrhundert weite Teile der einstigen Weltkurstadt und laden als Oasen der Ruhe und Erholung dazu ein, die Schönheiten der Natur zu genießen und von der Hektik des Alltags zu entspannen. Besonders reizvoll ist der im Jahre 1852 angelegte Kurpark, welcher sich auf einer Länge von etwa drei Kilome-

Über dem historischen Ortskern erhebt sich die mittelalterliche Ruine der Sonnenberger Burg

tern vom Wiesbadener Kurhaus bis nach Sonnenberg erstreckt und seine Besucher mit einer beeindruckenden Vielfalt exotischer Baum- und Zierpflanzenarten empfängt.

Länge: ca. 4,5 km
Strecke: eben und einfach (mit Ausnahme des Anstiegs zur Burg)

Ausgangspunkt unseres Spaziergangs entlang der botanischen und kulturhistorischen Schätze des Kurparks ist der historische Ortskern des seit 1928 zu Wiesbaden gehörenden Vororts Sonnenberg. Über dem zentral gelegenen Hofgartenplatz thront die romantisch anmutende Ruine der Sonnenberger Burg, welche um das Jahr 1200 als trutzige Festung der Grafen von Nassau errichtet wurde und das Wiesbadener Stadtgebiet vor den Eroberungsgelüsten des Adelsgeschlechts der Eppsteiner schützen sollte.

Anfahrt: Haltestelle Hofgartenplatz, Buslinien 2, 16, 18

Von besonderer historischer Bedeutung war die Regentschaft Graf Adolfs (vor 1250–1298), dessen Krönung zum römisch-deutschen König anno 1292 das traditionsreiche Haus Nassau erstmals in den Blickpunkt der Weltgeschichte rückte. Auch als oberster Herrscher des Reiches weilte Adolf noch häufig in seiner Sonnenberger Stammburg und ließ die gesamte Anlage großzügig erweitern.

Langfristig war seinem politischen Aufstieg jedoch kein Erfolg beschieden: 1298 von den Reichsfürsten seines Amtes enthoben, wurde Adolf wenig später in der Schlacht von Göllheim tödlich verwundet. Die römisch-deutsche Krone ging daraufhin wieder in die Hände des Hauses Habsburg über.

Adolfs Nachfahren bewohnten die Sonnenberger Burg bis zur Mitte des 16. Jahrhunderts, ließen sie in der Folgezeit jedoch allmählich zur Ruine verfallen. Endgültig zerstört wurde die einst mächtige Festung der Grafen von Nassau im Jahre 1672, als marodierende brandenburgische Truppen eine Schneise der Verwüstung durch Sonnenberg schlugen und dabei weite Teile der Burganlage bis auf die Grundmauern niederbrannten. Erst Herzog Wilhelm besann sich wieder des architektonischen Erbes seiner Ahnen und gebot 1816 dem grassierenden Missbrauch der mittelalterlichen Mauern als Steinbruch Einhalt. Unter besonderem Schutz des Herrscherhauses stehend, entwickelte sich die Sonnenberger Burgruine bald darauf zu einem weithin bekannten Ausflugsziel. Nach einem Spaziergang entlang des idyllischen Kurparks genossen schon die Kurgäste des 19. Jahrhunderts die romantische Atmosphäre der Burg und ließen ihren Blick über die anmutige Umgebung schweifen.

Der Uhrturm und das Wiesbadener Tor waren einst Teil der Sonnenberger Stadtmauer

Am oberen Ende des Hofgartenplatzes haben linker Hand der zur Sonnenberger Burg hinaufführenden Straße „Am Schlossberg“ Teile der mittelalterlichen Stadtbefestigungsanlage den Lauf der Geschichte bis zum heutigen Tage überdauert. Während des 14. Jahrhunderts war die seit 1351 über Stadtrechte verfügende Siedlung Sonnenberg mit einer von Wehrgängen durchzogenen Schutzmauer umgeben worden, die nicht zuletzt auch die Verteidigungsfähigkeit der trutzigen Festung der Grafen von Nassau verbessern sollte. Neben den steinernen Fragmenten des Wiesbadener Tors erhebt sich der im Volksmund „Stümpert“ genannte Uhrturm, welcher dereinst Teil der Sonnenberger

Das Bierstadter Tor ist das historische Hauptportal der einst mächtigen Festungsanlage

Bei schönem Wetter lädt die Aussichtsterrasse des Burgrestaurants Gollner's zu einer genussreichen Rast ein

Wehranlage war, aber auch eine der ersten öffentlichen Uhren im weiten Umkreis trug.

Dem steil bergan führenden Verlauf der Straße „Am Schlossberg" folgend, erreichen wir nach kurzer Zeit das Bierstadter Tor und betreten den geschichtsträchtigen Boden der mittelalterlichen Burgruine. Anschließend wenden wir uns zunächst nach rechts und spazieren entlang der architektonischen Überreste ehemaliger Wohn- und Wehrgebäude in Richtung des am höchsten Punkt des Schlossberges errichteten Bergfrieds.

RESTAURANT GOLLNER'S · Burg Sonnenberg
Am Schlossberg 20 · 65191 Wiesbaden
Telefon: (0611) 54 14 09 · Fax: (0611) 54 39 00
info@gollners.de · Internet: www.gollners.de
Öffnungszeiten: täglich 12 – 14.30 Uhr und 18 – 24 Uhr, Dienstag Ruhetag

Nach wenigen Metern öffnet sich eine kleine Aussichtsterrasse, die in den Frühlings- und Sommermonaten von dem renommierten Burgrestaurant Gollner's bewirtschaftet wird. Hier kann man bei schönem Wetter eine stärkende Mahlzeit oder eine kühle Erfrischung zu sich nehmen und dabei den Blick über die untere Burganlage sowie den im Tal gelegenen historischen Ortskern schweifen lassen.

Der etwa 24 Meter hohe Bergfried wurde um 1200 als zentraler Wach- und Wehrturm der Burg errichtet

Seitlich des Burgrestaurants führt ein schmaler Weg bergaufwärts zum ältesten und beeindruckendsten Bauwerk der einst mächtigen Festungsanlage. Der etwa 24 Meter hohe Bergfried wurde vor über 800 Jahren in landschaftlich exponierter Lage errichtet und ermöglichte die strategische Überwachung weiter Teile der angrenzenden Umgebung. Von der in luftiger Höhe gelegenen Wehrplatte aus konnten die Wachsoldaten des Mittelalters heranrückende feindliche Heere frühzeitig erkennen und die Verteidigung der Burg effektiv organisieren.

Heute, in glücklicherweise deutlich friedlicheren Zeiten, ist der mit großem Aufwand restaurierte Bergfried ein beliebter Aussichtspunkt und gewährt Ausflüglern aus nah und fern einen herrlichen Rundblick über Sonnenberg, Wiesbaden und die südlichen Hänge des Taunus. Zudem beherbergt das erste Stockwerk des ehemaligen Wach- und Wehrturms ein kleines Museum, das seinen Besuchern interessante Exponate aus der ereignisreichen Geschichte der Sonnenberger Burg präsentiert.

BURG SONNENBERG · Am Schlossberg 20 · 65191 Wiesbaden
info@heimatverein-sonnenberg.de
www.heimatverein-sonnenberg.de
Öffnungszeiten (Burgmuseum): April bis Oktober,
jeden 1. Sonntag 14 – 16 Uhr

Blick auf den Kapellenturm und die im 14. Jahrhundert angelegte Unterburg

Im Anschluss an die Besichtigung des Bergfrieds kehren wir zum Bierstadter Tor zurück und erreichen entlang einer talwärts führenden Treppenanlage das Gelände der im 14. Jahrhundert errichteten Unterburg. Linker Hand öffnet sich nach wenigen Schritten der kleine grasbewachsene Burghof, welcher seitlich von einem hervorragend erhaltenen Teilstück der südöstlichen Wehrmauer begrenzt wird. Am oberen Ende des ehemaligen Festungswalls strebt der in den 1990er Jahren aufwendig restaurierte Kapellenturm empor. Hier wurde dereinst von den Bewohnern der Burg die Heilige Messe gefeiert.

Rechter Hand geht der in unregelmäßigen Abständen für lokale Festveranstaltungen genutzte Burghof direkt in den historischen Sonnenberger Ortskern über. Dem Verlauf der Talstraße wenige Meter folgend, durchschreiten wir das neben dem Uhrturm gelegene Wiesbadener Tor und gelangen schließlich wieder auf den Hofgartenplatz zurück.

Unsere Tour fortsetzend, überqueren wir nun den Hofgartenplatz und spazieren entlang der Danziger Straße in Richtung des Wiesbadener Stadtzentrums. Nach kurzer Zeit biegen wir links in die König-Adolf-Straße ein und erreichen die wenige Meter entfernt verlaufende Gartenstraße, welche vorbei an kleinen Schrebergärten in ein von urwüchsigen Bäumen geprägtes Waldgebiet führt. Rechter

Herbstliche Impressionen entlang der Wege des Wiesbadener Kurparks

Das vom Heilwasser der Adlerquelle gespeiste Thermalbad Aukammtal ist ein weithin bekannter Anziehungspunkt für Freunde moderner Bade- und Wellness-Kultur

Hand fließt in gemächlichem Tempo der idyllische Rambach, dessen naturbelassener Verlauf uns bis zum direkt hinter dem Kurhaus gelegenen großen Weiher begleiten wird.

Nach etwa 500 Metern öffnen sich die ersten Ausläufer des 1852 im Stil eines englischen Landschaftsgartens angelegten Kurparks. Die von weitläufigen Wiesenflächen und altehrwürdigen Baumbeständen gesäumten Kieswege entlangflanierend, überqueren wir die Straße „An der Dietenmühle" und gelangen schließlich linker Hand zu einem reizvollen kleinen Weiher, der zu einer kurzen Rast oder zum entspannten Verweilen einlädt.

Am unteren Ende der Fichtestraße, die wir, dem Verlauf des Rambachs folgend, nach ungefähr 200 Metern erreichen, wenden wir uns nach links und folgen der Parkstraße sowie der bergan führenden Leibnizstraße bis zum in einer anmutigen Grünanlage gelegenen Thermalbad Aukammtal.

★ TIPP ★ Das aufgrund seines hervorragenden Wellness- und Therapieangebots weithin bekannte Gesundheitsbad wurde vor wenigen Jahren umfassend modernisiert und um eine großzügige Saunalandschaft mit sieben verschiedenen Dampf- und Schwitzbädern erweitert. Auch die durch ein Fernleitungssystem vom Heilwasser der Adlerquelle gespeiste Badeabteilung ist ganz auf die Bedürfnisse des nach Entspannung und Erholung suchenden Gastes zugeschnitten und verfügt neben zwei großen Thermalschwimmbecken über einen Whirlpool, ein Aktionsbecken und ansprechend gestaltete Ruhezonen. Da die Temperatur des Thermalwassers auf einem konstanten Niveau von 32 Grad gehalten wird, kann das weitläufige Außenbecken während des ganzen Jahres genutzt werden und gewährt in den Wintermonaten ein einzigartiges Badeerlebnis.

THERMALBAD AUKAMMTAL · Leibnizstraße 7 · 65191 Wiesbaden
Telefon: (0611) 31 70 80 · Fax: (0611) 31 70 81
thermalbad@wiesbaden.de · www.wiesbaden.de/mattiaqua
Öffnungszeiten: Mo., Mi., Do., So. 8 – 22 Uhr,
Di. 6 – 22 Uhr, Fr. und Sa. 8 – 24 Uhr
Preise (Einzelkarte): Badebereich: Erwachsene (ab 16): 10 €,
Kinder (4 – 15): 5 € · Saunabereich (ab 16): 20 € · Kombi-Tarif (ab 16): 24 €
Weitere Preise u. Vergünstigungen auf Anfrage

Anfahrt: Haltestelle Thermalbad, Buslinie 18

Anschließend kehren wir wieder in den Kurpark zurück und setzen unseren Spaziergang entlang des die weitläufige Parkanlage idyllisch säumenden Rambachs fort. Nach etwa 400 Metern erreichen wir die Josef-Lauff-Straße und betreten den botanisch und kulturhistorisch besonders reizvollen, direkt hinter dem Kurhaus gelegenen Teil des Wiesbadener Kurparks.

Anfahrt: Haltestelle Leberberg, Buslinien 2, 16

Der das gesamte Areal umschließende schmiedeeiserne Zaun sowie ein historisches Pförtnerhäuschen erinnern daran, dass dieser Abschnitt des malerischen Landschaftsgartens zu Zeiten der Weltkur-

Historische Ansicht des Wiesbadener Kurparks aus dem Jahre 1912

stadt Wiesbaden ausschließlich den zahlungskräftigen Besitzern einer teuren Kurkarte zugänglich war. Zudem wachten seinerzeit Parkaufseher darüber, dass die noble Atmosphäre nicht durch ungebührliches Benehmen oder Personen mit nachlässiger Garderobe beeinträchtigt wurde. Auch wenn diese strengen Vorschriften im 20. Jahrhundert deutlich gelockert wurden, mussten die Besucher des Kurparks bis in die 1970er Jahre hinein ein geringes Eintrittsgeld entrichten. Heute steht die elegante Grünanlage selbstverständlich allen Bewohnern und Gästen der hessischen Landeshauptstadt zur freien Verfügung.

Ein marmornes Standbild erinnert an den lange Jahre in Wiesbaden lebenden Schriftsteller Gustav Freytag

Allegorische Knaben-Statuen seitlich des Gustav-Freytag-Denkmals

Nach wenigen Metern gelangen wir linker Hand zu einem aus weißem Marmor gefertigten Standbild des im 19. Jahrhundert überaus populären deutschen Schriftstellers Gustav Freytag (1816–1895). Der Autor des berühmten Romans „Soll und Haben“ hatte sich 1881 in Wiesbaden niedergelassen und bewohnte bis zu seinem Tod im Jahre 1895 eine Villa in der aus Anlass seines 70. Geburtstags nach ihm benannten Gustav-Freytag-Straße. Das 1905 errichtete Denkmal wird beiderseits von an barocken Vorbildern orientierten Knaben-Statuen flankiert, welche die drei klassischen literarischen Gattungen der Epik, der Dramatik und der Lyrik symbolisieren.

Der Kurpark empfängt seine Besucher mit einer beeindruckenden Vielfalt unterschiedlicher Baum- und Zierpflanzenarten, die häufig exotischen Ursprungs sind und aus fernen Ländern und Kontinenten eingeführt wurden. Aufgrund des milden Wiesbadener Klimas wachsen und gedeihen hier neben amerikanischen Sumpfzypressen, asiatischen Ginkgobäumen und japanischem Fächerahorn auch aus wärmeren Gefilden stammende Pflanzen wie Magnolien, Rhododendren, Hyazinthen und Tulpenbäume. Besonders reizvoll ist der Besuch des Kurparks in den Frühlingsmonaten, wenn die zahlreichen botanischen Kostbarkeiten in voller Blüte stehen und sich in ihrer ganzen natürlichen Pracht präsentieren.

Die von großzügigen Wiesenflächen gesäumten Wege linker Hand entlangspazierend, passieren wir zunächst eine marmorne

Büste, welche an das verdienstvolle Wirken des langjährigen Kurdirektors Ferdinand Hey'l (1830–1897) erinnert, und gelangen schließlich zum östlichen Ufer des sich bis zum Kurhaus erstreckenden großen Weihers des Kurparks. Der im Jahre 1855 angelegte See, in dessen Mitte sich eine sechs Meter hohe Springfontäne erhebt, wird von altehrwürdigen Bäumen malerisch umrahmt und ist Heimat einer bunten Vielfalt unterschiedlicher Wasservogelarten, zu denen u. a. auch die farbenfrohen, ursprünglich in Afrika beheimateten Nilgänse gehören. In den Frühlings- und Sommermonaten besteht die Möglichkeit, Tret- und Ruderboote zu mieten, mit denen man eine vergnügliche Fahrt über den vom Wasser des Rambachs gespeisten Weiher unternehmen kann.

Nach kurzer Zeit erreichen wir die rückwärtige Fassade des im Jahre 1907 errichteten Kurhauses und betreten einen kleinen vorgelagerten Promenadenplatz, an dessen oberem Ende ein Biergarten zur erholsamen Rast einlädt. Von hier aus hat man einen großartigen Ausblick über den gesamten Kurparkweiher.

Blick entlang des von altehrwürdigen Baumbeständen idyllisch gesäumten Weihers in Richtung Kurhaus

Linker Hand befindet sich die mit sinnenfrohen Ornamenten kunstvoll verzierte Konzertmuschel des Kurparks. An gleicher Stelle, an der zu Zeiten der Weltkurstadt Wiesbaden die Kurkapelle zum Tanz aufspielte, gastieren auch heute noch hervorragende Ensembles und Bands, die ihr Publikum mit klassischer Musik, aber auch mit modernen und populären Klängen begeistern.

Büste des russischen Weltliteraten Fjodor Dostojewski am „Nizzaplätzchen"

Wenige Schritte entfernt erreichen wir das in unmittelbarer Nähe des Haupteingangsportals gelegene „Nizzaplätzchen". Der Name des idyllischen kleinen Areals erinnert daran, dass die mondäne Weltkurstadt Wiesbaden im 19. Jahrhundert auch als „Nizza des Nordens" bezeichnet wurde.

Am oberen Ende eines reizvoll gestalteten Blumenbeets befindet sich eine kupferne Büste des berühmten russischen Schriftstellers Fjodor Dostojewski (1821 – 1881), der während eines Besuchs des Wiesbadener Casinos im Jahre 1865 auf einen Schlag seine gesamte Reisekasse verspielte und dieses Erlebnis in dem weltbekannten Roman „Der Spieler" literarisch verarbeitete.

Leicht oberhalb des „Nizzaplätzchens" erheben sich die historischen Säulenfragmente des Alten Kurhauses. Die in den Fries des ionischen Portikus eingravierten römischen Ziffern verweisen auf das Jahr 1810, in welchem das von dem bedeutenden Wiesbadener Stadtbaumeister Christian Zais errichtete Gebäude dereinst seiner Bestimmung übergeben wurde.

Die romantisch drapierten Säulenfragmente des Alten Kurhauses von 1810

Historismus, Klassizismus, Jugendstil – ein Spaziergang durch Wiesbadens „goldenes Zeitalter“

Historismus, Klassizismus, Jugendstil – ein Spaziergang durch Wiesbadens „goldenes Zeitalter“

Obwohl Wiesbadens historische Wurzeln bis in die Römerzeit zurückreichen, war keine geschichtliche Epoche für die Geschicke der altehrwürdigen Kurstadt von so entscheidender Bedeutung wie das 19. Jahrhundert. Berühmte Stadtbaumeister schufen im Auftrag der Fürsten von Nassau und ab 1866 unter preußischer Herrschaft ein einzigartiges architektonisches Gesamtkunstwerk, welches Wiesbadens glanzvollen Aufstieg zur mondänen Weltkurstadt auf beeindruckende Weise vor Augen führt. In keiner anderen europäischen Stadt hat ein vergleichbares, in sich geschlossenes Ensemble der das 19. Jahrhundert prägenden Baustile des Klassizismus, des Jugend-

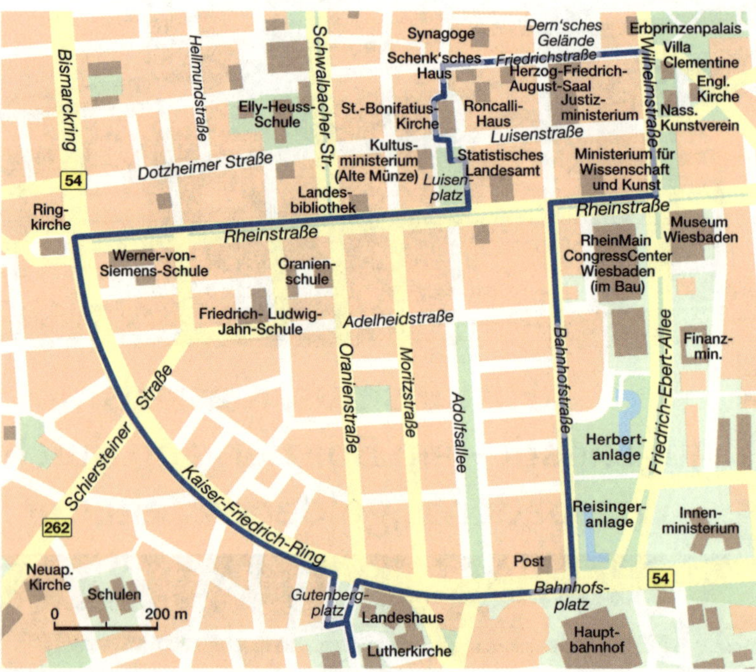

stils und des Historismus den Lauf der Geschichte in nahezu unveränderter Form überdauert. Der Erhalt dieses großartigen architektonischen Erbes ist natürlich auch dem glücklichen Umstand zu verdanken, dass Wiesbaden in den Bombennächten des Zweiten Weltkriegs deutlich weniger beschädigt wurde als die meisten anderen deutschen Städte.

Herausragenden kunsthistorischen Wert besitzen vor allem die zahlreichen architektonischen Zeugnisse des Historismus, welche das Erscheinungsbild weiter Teile der hessischen Landeshauptstadt noch heute bestimmen. Ob Neorenaissance, Neobarock oder Neoklassizismus – die repräsentative Ästhetik des historische Vorbilder wiederbelebenden Baustils kann in Wiesbaden in ihrer gesamten Vielfalt bewundert werden. Aufgrund dieses einmaligen architektonischen Reichtums ist die „Stadt des Historismus" auch zum Kandidaten für den Titel „UNESCO-Weltkulturerbe der Menschheit" erkoren worden.

Länge: ca. 5 km
Strecke: weitestgehend eben und einfach

Unser Rundgang entlang der beeindruckenden Zeugnisse der Baukunst des 19. und frühen 20. Jahrhunderts beginnt an der Wiesbadener Ringkirche, welche in den Jahren 1892–1894 im neoromanischen Stil errichtet wurde und den glanzvollen städtebaulichen Abschluss der bis zum Museum verlaufenden Rheinstraße bildet. Das von einem Paar achteckiger Zwillingstürme gekrönte Gotteshaus zählt zu den kunstgeschichtlich

Blick auf die Ostfassade der neoromanischen Ringkirche

Im Innenraum der Ringkirche wurden die seinerzeit revolutionären Prinzipien des „Wiesbadener Programms“ erstmals verwirklicht

bedeutsamsten Bauwerken des gesamten Wiesbadener Stadtgebiets, da bei der Gestaltung des sakralen Innenraums ein seinerzeit revolutionäres Konzept verfolgt wurde, das die weitere Entwicklung evangelischer Kirchenarchitektur maßgeblich prägen sollte.

Den auf der Rückseite der Ringkirche gelegenen Haupteingang durchschreitend, treten dem Besucher die ästhetischen und philosophischen Prinzipien des von dem Architekten Johannes Otzen (1839–1911) und dem Pfarrer Emil Veesenmeyer (1857–1944) entwickelten „Wiesbadener Programms“ klar vor Augen. Die historische Aufteilung in Flügel und Schiffe sowie die räumliche Trennung von Gemeinde und Geistlichkeit wurden zugunsten eines einzigen zentralen Kirchensaals überwunden, welcher die Gleichheit aller Gläubigen vor Gott verdeutlichen sollte. Eine weitere Innovation stellte die Verbindung von Altar, Kanzel und Chorbereich zu einer in sich geschlossenen architektonischen Einheit dar.

Anfahrt: Haltestelle Ringkirche, Buslinien 1, 5, 15

EVANGELISCHE RINGKIRCHENGEMEINDE
An der Ringkirche 3 · 65197 Wiesbaden
Telefon: (0611) 44 02 81 · Fax: (03212) 13 56 331
ringkirche@ringkirche.de · www.ringkirche.de
Öffnungszeiten der Kirche: Do. 17–19 Uhr, Sa. 14–18 Uhr
Kirchenführung: Sa. 15 Uhr

Wir verlassen nun die Ringkirche und folgen dem von beeindruckenden Bürgerhäusern aus der Epoche des Historismus gesäumten

Die repräsentativen Häuserzeilen des Kaiser-Friedrich-Rings spiegeln den Historismus in einer einzigartigen Vielfalt der Formen und Stile wider

Kaiser-Friedrich-Ring rechter Hand in Richtung Hauptbahnhof. Ende des 19. Jahrhunderts im Rahmen eines ambitionierten Stadterweiterungsprogramms angelegt, sind die repräsentativen Häuserzeilen des großzügigen Boulevards zu über 90 % in ihrem ursprünglichen Zustand erhalten geblieben und erschließen dem aufmerksamen Flaneur die prunkvolle Ästhetik des Historismus in einmaliger architektonischer Geschlossenheit und Qualität. Besonders beeindruckend sind die zahlreichen kunstvoll gearbeiteten Reliefs, Ornamente und Skulpturen, welche die denkmalgeschützten Fassaden des Kaiser-Friedrich-Rings bis zum

Kunstvolle Skulpturen schmücken zahlreiche Gebäude des Kaiser-Friedrich-Rings

heutigen Tage in einer unverwechselbaren Vielfalt der Formen und Stile prägen.

Wer sich an der noblen Pracht der Wilhelminischen Epoche nicht sattsehen kann, sollte zudem den historischen Straßenzügen des Dichter- und des Rheingau-Viertels einen kurzen Besuch abstatten. Rechter Hand der Ringstraße gelegen, haben auch hier viele mit reichen Schmuckelementen prunkvoll verzierte Bürgerhäuser die letzten hundert Jahre in nahezu unveränderter Form überdauert.

★ **TIPP** ★ Den sich auf über einem Kilometer Länge von der Dotzheimer Straße bis zum Hauptbahnhof erstreckenden Kaiser-Friedrich-Ring entlangspazierend, erreichen wir nach etwa 800 Metern den Gutenbergplatz, welchen wir rechter Hand in Richtung der Lutherkirche überqueren. Das in den Jahren 1908–1910 nach Plänen des bedeutenden Darmstädter Architekten Ferdinand Pützer (1871–1922) errichtete Gotteshaus ist ein beeindruckendes Beispiel der modernen Kirchenbaukunst des frühen 20. Jahrhunderts, die dem Prunk des Historismus eine klare, sachliche und dennoch repräsentative Ästhetik entgegenstellte. Charakteristisch hierfür sind der mächtige, etwa 50 Meter hohe Glockenturm sowie die seinerzeit höchst innovative, von einem komplexen Stahlgerüst getragene Dachkonstruktion der Lutherkirche.

Während die Fassade der Lutherkirche von einer klaren, sachlichen Formensprache geprägt ist…

Der großzügige, an den Leitlinien des „Wiesbadener Programms" orientierte Kirchensaal bietet Platz für bis zu 1.400 Gottesdienstbesucher und wurde von Ferdinand Püt-

... erstrahlt im reich verzierten Innenraum die sinnenfrohe Ästhetik des Jugendstils in ihrer ganzen Schönheit

zer als sinnenfroh gestalteter Gegenpol zur formalen Sachlichkeit der Fassade konzipiert. Kunstvolle Ornamente und wunderschöne Malereien aus der Epoche des Jugendstils schmücken das beeindruckende, sich über vier Säulen spannende Kreuzrippengewölbe sowie die holzvertäfelten Wände der Lutherkirche und erzeugen mit ihrer farbenfrohen Leichtigkeit eine einzigartige festliche Atmosphäre. Mitte der 50er Jahre in einem unbegreiflichen Akt kunsthistorischer Ignoranz mit weißer Farbe übertüncht, wurde das kostbare Jugendstil-Interieur erst 1992 wieder freigelegt und nach aufwendiger Restaurierung den Besuchern des Gotteshauses in seiner ursprünglichen Schönheit erschlossen.

Anfahrt: Haltestelle Scheffelstraße, Buslinien 1, 8, 37

EVANGELISCHE LUTHERKIRCHENGEMEINDE
Sartoriusstraße 16 · 65187 Wiesbaden
Telefon: (0611) 89 06 730 · Fax: (0611) 89 06 73 11
ev.lutherkirchengemeinde.wiesbaden@ekhn-net.de
www.lutherkirche-wiesbaden.de
Öffnungszeiten der Kirche: Mo., Fr. 16 – 18 Uhr, Di. bis Do. 15 – 17 Uhr

Blick auf den monumentalen Säulenportikus des Landeshauses

Wir kehren nun entlang des Gutenbergplatzes wieder zum Kaiser-Friedrich-Ring zurück und erreichen rechter Hand nach wenigen Schritten den von monumentalen Säulen getragenen Portikus des Landeshauses, welches zwischen 1903 und 1907 in der besonders prunkvollen und repräsentativen Ästhetik des Neobarocks errichtet wurde und ursprünglich als Sitz der preußischen Kommunalverwaltung diente. Heute beherbergt der trutzig wirkende Sandsteinbau das Hessische Ministerium für Wirtschaft, Energie, Verkehr und Landesentwicklung.

Der neobarocke Wiesbadener Hauptbahnhof wurde 1906 im Beisein von Kaiser Wilhelm II. feierlich eingeweiht

Dem weiteren Verlauf des Kaiser-Friedrich-Rings folgend, überqueren wir das untere Ende der Biebricher Allee und erreichen schließlich entlang des Einkaufszentrums „Lilien-Carré" den historischen Wiesbadener Hauptbahnhof. Der weitläufige, vollständig mit rotem Sandstein verkleidete Prachtbau entstand in den Jahren 1904–1906 nach Plänen des renommierten Aachener Architektur-Professors Fritz Klingholz (1861–1921) und gilt als herausragendes Beispiel der repräsentativen Formensprache neobarocker Baukunst. Die großzügige Empfangshalle sowie der 40 Meter hohe, von einem kunstvoll geschwungenen Haubendach gekrönte Uhrturm sind mit schmückenden Elementen prunkvoll verziert.

Bei der feierlichen Einweihung im November 1906 war auch Kaiser Wilhelm II. zugegen, der die Errichtung des für seine prachtvolle Architektur weithin bekannten Wiesbadener Hauptbahnhofs maßgeblich gefördert und mit großzügigen Spenden unterstützt hatte. Zu Ehren des alljährlich für mehrere Wochen in der „Kaiserstadt" Wiesbaden weilenden Monarchen ließ Baumeister Fritz Klingholz eigens ein repräsentatives Eingangsportal anlegen, dessen Benutzung ausschließlich Seiner Majestät und Mitgliedern des kaiserlichen Hofstaats vorbehalten war. Leider wurde dieses die bedingungslose Kaiserverehrung der Wilhelminischen Epoche trefflich widerspiegelnde Bauwerk während des Zweiten Weltkriegs völlig zerstört.

Anfahrt: Haltestelle Hauptbahnhof (verschiedene Bussteige), Buslinien 1, 3, 4, 6, 8, 14, 16, 22, 27, 28, 30, 33, 34, 37, 38, 43, 45–47

Blick entlang der weitläufigen Reisinger- und Herbert-Anlagen in Richtung Hauptbahnhof

Anschließend überqueren wir die Ringstraße und gelangen gegenüber dem Hauptbahnhof zum südlichen Ende der weitläufigen Reisinger- und Herbert-Anlagen, welche in den 1930er Jahren von zwei wohlhabenden Wiesbadener Bürgern gestiftet wurden. Die beiden nahtlos ineinander übergehenden Parks werden seitlich von einem reizvollen Springfontänenbecken gesäumt und erstrecken sich entlang großzügiger Grünflächen bis zum derzeit im Bau befindlichen Rhein-Main Congress Center Wiesbaden, welches 2018 fertiggestellt sein soll. Während der Sommermonate finden in den Reisinger- und Herbert-Anlagen kostenlose Open-Air-Kinovorstellungen statt, die sich bei Cineasten aller Generationen großer Beliebtheit erfreuen.

Unseren Rundgang fortsetzend, spazieren wir nun entlang der von zahlreichen historischen Bürgerhäusern schmückend umrahmten Bahnhofstraße in Richtung des Wiesbadener Stadtzen-

In der Bahnhofstraße zeugen prachtvolle Schmuckfassaden von der repräsentativen Baukunst der Wilhelminischen Epoche

Die Villa Clementine war im Jahre 1888 Schauplatz des legendären „Wiesbadener Prinzenraubs"

trums. Nach etwa 700 Metern überqueren wir die Rheinstraße und folgen dem Verlauf des großzügig angelegten Boulevards rechter Hand bis zum unteren Ende der Wilhelmstraße.

Anfahrt: Haltestelle Rheinstraße/Rhein-Main-Hallen, Buslinien 1, 4, 8, 14, 27, 45 – 47

Wiesbadens noble, von der repräsentativen Architektur des 19. Jahrhunderts geprägte Promenier- und Einkaufsmeile entlangflanierend, ist nach kurzer Zeit an der Ecke Wilhelmstraße/Frankfurter Straße die geschichtsträchtige Villa Clementine erreicht, welche heute u. a. die Veranstaltungssäle des „Wiesbadener Literaturhauses" beherbergt. Das prunkvolle ehemalige Wohnpalais eines wohlhabenden

Mainzer Industriellen wurde in den Jahren 1878–1882 errichtet und führt mit seiner prachtvollen, altrömische Vorbilder zitierenden Schmuckfassade die ästhetische Ausdruckskraft des gründerzeitlichen Historismus auf beeindruckende Weise vor Augen.

Im Sommer des Jahres 1888 rückte die Villa Clementine als Schauplatz des „Wiesbadener Prinzenraubs" in den Blickpunkt der Weltöffentlichkeit. Wenige Wochen zuvor hatte Königin Natalie von Serbien ihren verschwendungssüchtigen und despotischen Gatten Milan I. verlassen und war zusammen mit dem erst zwölfjährigen Kronprinzen Alexander in die ferne Weltkurstadt Wiesbaden geflohen. Am 1. Juni 1888 mietete sie die repräsentativen Räumlichkeiten der Villa Clementine als zukünftige Residenz für sich und ihren Sohn an. Milan I., aufgrund seines ungebührlichen Lebenswandels in ganz Europa als „König Lustig des Balkans" verspottet, schäumte vor Wut über seine abtrünnig gewordene Gemahlin und forderte von der deutschen Regierung die sofortige Auslieferung des minderjährigen Thronfolgers. Diese beugte sich schließlich dem diplomatischen Druck und erließ eine Weisung, wonach der serbische Kronprinz unverzüglich nach Belgrad zurückgeführt werden müsse. Nachdem sich Königin Natalie beharrlich weigerte, dem ergangenen Beschluss Folge zu leisten, verschaffte sich Mitte Juli der Wiesbadener Polizeipräsident Zutritt zur Villa Clementine und erzwang die Auslieferung von Prinz Alexander an den serbischen Kriegsminister. Die ihres Sohnes „beraubte" Königin verließ Wiesbaden noch am gleichen Tage und begab sich ins französische Exil.

Anfahrt: Haltestelle Friedrichstraße, Buslinien 1, 2, 8, 16

LITERATURHAUS VILLA CLEMENTINE
Frankfurter Straße 1 · 65189 Wiesbaden
Telefon: (0611) 31 57 45 · Fax: (0611) 31 69 41
literaturhaus@wiesbaden.de · www.wiesbaden.de/literaturhaus

Das Erbprinzenpalais, gegenüber der Villa Clementine an der Ecke Wilhelmstraße/Friedrichstraße gelegen, ist ein herausragendes

Das klassizistische Erbprinzenpalais ist heute Sitz der Wiesbadener Industrie- und Handelskammer

Zeugnis frühklassizistischer Architektur und bildet mit seiner klaren Formensprache und zurückhaltenden Eleganz einen reizvollen Kontrast zur überbordenden Prachtentfaltung des Historismus. Zwischen 1813 und 1817 von Christian Zais (1770–1820), einem der bedeutendsten Baumeister der Wiesbadener Stadtgeschichte, als zukünftige Residenz des nassauischen Thronerben errichtet, wurde das weitläufige Palais jedoch niemals von einem Mitglied des bis 1866 regierenden Herrscherhauses bewohnt. Noch bevor die Bauarbeiten abgeschlossen waren, folgte Prinz Wilhelm im Jahre 1816 seinem überraschend verstorbenen Vater auf den Thron nach und residierte fortan mit seinem Hofstaat im Biebricher Schloss. In der Folgezeit beherbergten die großzügigen Räumlichkeiten des von einem eleganten Säulenportikus repräsentativ geschmückten Gebäudes u. a. die kostbaren Sammlungen des Wiesbadener Museums sowie die umfangreichen Buchbestände der Landesbibliothek. Heute ist das vor wenigen Jahren detailgetreu restaurierte Erbprinzenpalais Sitz der Industrie- und Handelskammer.

Blick über das Dern'sche Gelände auf die Marktkirche und das Neue Rathaus

Wir biegen nun in die Friedrichstraße ein und erreichen nach wenigen Metern das Dern'sche Gelände, an dessen oberem Ende sich das Neue Rathaus und die majestätischen Türme der Marktkirche erheben. Über viele Jahre hinweg waren die zukünftige Nutzung und Gestaltung des weitläufigen Areals Gegenstand kontroverser kommunalpolitischer Diskussionen. Nachdem die Errichtung einer modernen Musik- und Kunstschule Mitte der 1990er Jahre am Widerstand einer Bürgerinitiative gescheitert war, entschloss sich die Stadt Wiesbaden schließlich, auf eine Bebauung zu verzichten und das Dern'sche Gelände als großzügige Freifläche zu gestalten. Heute finden auf dem von gepflegten Blumenbeeten gesäumten Platz u. a. der Wiesbadener Wochenmarkt sowie die von Tausenden Gästen aus nah und fern besuchte Rheingauer Weinwoche statt.

Anfahrt: Haltestelle Dern'sches Gelände (verschiedene Bussteige), Buslinien 1, 2, 4, 5, 8, 14 – 18, 21 – 24, 27, 45 – 48

Dem weiteren Verlauf der Friedrichstraße folgend, gelangen wir zur Haltestelle „Kirchgasse" und biegen seitlich des Schenk'schen Hauses, einem klassizistischen Gebäude aus dem frühen 19. Jahrhundert, in die schmale Gasse „Kirchenreulchen“ ein, welche uns nach wenigen Schritten zur katholischen Kirche St. Bonifatius führt. Obwohl erst in den Jahren 1845–1849 errichtet, ist das mit rotem Sandstein schmückend verkleidete Gotteshaus das älteste bis zum heutigen Tage erhalten gebliebene Kirchengebäude der gesamten Wiesbadener Innenstadt. Planung und künstlerische Gestaltung des neogotischen Sakralbaus oblagen dem damaligen nassauischen Hofbaumeister Philipp Hoffmann (1806–1889), der u. a. auch die auf dem Neroberg gelegene Griechische Kapelle, eines der schönsten und bekanntesten Wahrzeichen der einstigen Weltkurstadt, schuf. Da Hoffmanns finanzielles Budget vergleichsweise gering bemessen war, konnten die St. Bonifatius eindrucksvoll krönenden, etwa 70 Meter hohen Zwillingstürme erst im Jahre 1866 fertiggestellt werden.

Die katholische Kirche St. Bonifatius ist das älteste erhaltene Gotteshaus der Wiesbadener Innenstadt

KATHOLISCHE PFARREI ST. BONIFATIUS
Luisenstraße 27 · 65185 Wiesbaden
Telefon: (0611) 34 18 96 00 · Fax: (0611) 34 18 96 01
kirchengemeinde@bonifatius-wiesbaden.de
www.bonifatius-wiesbaden.de
Öffnungszeiten der Kirche: täglich 7–19 Uhr

Die „Alte Münze" ist mit ihrer schlichten Eleganz ein hervorragendes Beispiel klassizistischer Baukunst

Anfahrt: Haltestelle Luisenplatz,
Buslinien 2, 4, 5, 14 – 18, 21 – 24, 27, 45 – 48

Gegenüber dem Hauptportal der größten katholischen Kirche Wiesbadens öffnet sich der Luisenplatz, welcher im frühen 19. Jahrhundert in der eleganten Formensprache des Klassizismus angelegt wurde und sich entlang bemerkenswerter historischer Bauten bis zur Rheinstraße erstreckt. Linker Hand befindet sich die „Alte Münze", ein die ästhetischen Prinzipien klassizistischer Architektur beispielhaft verdeutlichendes Gebäude, in welchem bis 1866 die Währung des Herzogtums Nassau geprägt wurde und das heute das Hessische Kultusministerium beherbergt. Vis-à-vis liegt das zu Beginn der 1830er Jahre errichtete „Pädagogium", ein ehemaliges altsprachliches Gymnasium, zu dessen Schülern dereinst auch der in Wiesbaden-Biebrich geborene Philosoph Wilhelm Dilthey (1833–1911) zählte. In der Mitte des nach geometrischen Prinzipien angelegten Platzes erhebt sich ein steinerner Obelisk, welcher 1865 zum 50. Jahrestag der Schlacht von Waterloo errichtet wurde und den im Kampf gegen Napoleon gefallenen nassauischen Soldaten ein ehrendes Andenken bewahrt.

Den Luisenplatz überquerend, erreichen wir ein weiteres Denkmal für die Opfer vergangener militärischer Konflikte. Das bronzene Abbild eines sich kraftvoll aufbäumenden Pferdes erinnert in heroisierender Form an den verlustreichen Einsatz des nassauischen Feldartillerieregiments „Oranien" in den Schlachten des Ersten Weltkriegs.

Wir biegen nun rechter Hand in die Rheinstraße ein und folgen dem weiteren Verlauf des von repräsentativen historischen Gebäuden gesäumten Boulevards, bis wir schließlich nach etwa 600 Metern zur Ringkirche und damit zum Ausgangspunkt unseres Rundgangs zurückkehren.

Blick über den Luisenplatz in Richtung der Kirche St. Bonifatius

DER MENSCHHEIT WÜRDE IST IN

Die Kulturstadt Wiesbaden erleben – ein Spaziergang auf den Spuren berühmter Musensöhne

Die Kulturstadt Wiesbaden erleben – ein Spaziergang auf den Spuren berühmter Musensöhne

In ihrer Blütezeit war die Weltkurstadt Wiesbaden ein beliebter Treffpunkt des internationalen Geburts- und Geldadels, zog mit ihrer weltoffenen Atmosphäre aber auch bedeutende Künstler und Kulturschaffende aus Deutschland und weiten Teilen Europas an, die sich vom noblen Flair der traditionsreichen Bäderstadt inspirieren ließen. So komponierte Johannes Brahms in einer Villa an der

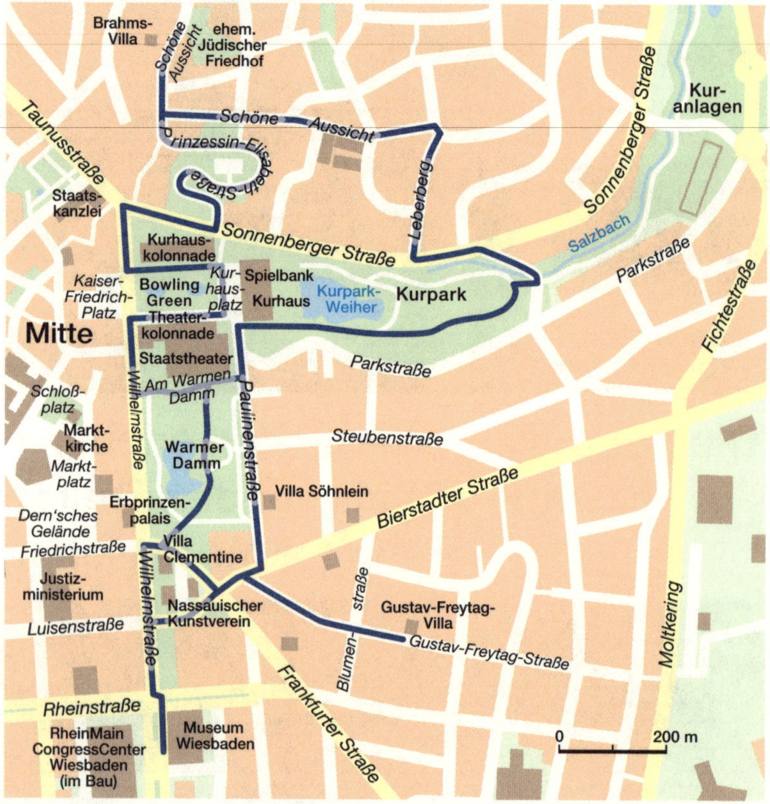

„Schönen Aussicht“ seine berühmte „Wiesbadener Symphonie“, und der weltbekannte Schriftsteller Fjodor Dostojewski entnahm dem Besuch der prächtigen Spielbank wichtige Anregungen für seinen Roman „Der Spieler“. Alexej von Jawlensky, ein bedeutender Vertreter der expressionistischen Malerei, sowie der Dichter Gustav Freytag wählten Wiesbaden sogar als dauerhaften Wohnsitz. Zudem wurden im 19. und frühen 20. Jahrhundert bedeutende kulturelle Institutionen begründet, welche das gesellschaftliche Leben der hessischen Landeshauptstadt bis zum heutigen Tage entscheidend prägen und bereichern.

Länge: ca. 5 km
Strecke: zunächst eben und einfach, im späteren Verlauf größere Steigungen

Ausgangspunkt unseres Spaziergangs durch die Kulturstadt Wiesbaden ist das in den Jahren 1913–1915 nach Plänen von Theodor Fischer (1862–1938) errichtete Museum der Stadt. Das aufgrund seiner innovativen Ausstellungsgestaltung zum „Museum des Jahres 2007“ gekürte Haus beherbergt zwei hervorragend renommierte

Das Wiesbadener Museum wurde aufgrund seiner innovativen Ausstellungsgestaltung als „Museum des Jahres 2007“ ausgezeichnet

Das Goethe-Denkmal vor dem Eingangsportal des Museums

Abteilungen, welche ihren Besuchern hochinteressante Exponate aus den Themenbereichen Bildende Kunst und Naturwissenschaften präsentieren.

Vor dem Säulenportikus des Museums steht ein im Jahre 1919 errichtetes Denkmal für Johann Wolfgang von Goethe (1749–1832), das den berühmten deutschen Dichter als mythologisch überhöhten Hüter der Künste inszeniert. Goethe hatte Wiesbaden in den Jahren 1814 und 1815 besucht und sich persönlich für den Bau eines Museums eingesetzt. Sein Anliegen, die Kunst- und Kulturschätze der aufstrebenden Kurstadt einem interessierten Publikum zugänglich zu machen, wurde schließlich von engagierten Bürgern und Kulturschaffenden umgesetzt, welche 1821 die herzogliche Erlaubnis erhielten, das unbewohnte Erbprinzenpalais in ein Museum umzugestalten. Da das elegante klassizistische Gebäude zu Beginn des 20. Jahrhunderts nicht mehr ausreichend Platz für die beständig erweiterten Sammlungen bot, wurde schließlich die Errichtung des heutigen Museumsbaus beschlossen.

★ TIPP ★ Die weithin bekannte Gemälde- und Skulpturensammlung des Wiesbadener Museums bietet ihren Besuchern ein breit gefächertes kunsthistorisches Spektrum, welches Gemälde der Renaissance und des Barocks ebenso umfasst wie bedeutende Werke der Klassischen Moderne und avantgardistische Objekte und Installationen aus der zweiten Hälfte des 20. Jahrhunderts. Der in Form eines Achtecks angelegte und von einer reich verzierten Kuppel gekrönte Eingangsbereich der Abteilung wurde

Die beeindruckende Eingangshalle der Gemäldegalerie wurde der historischen Aachener Pfalzkapelle nachempfunden

dem historischen Vorbild der Aachener Pfalzkapelle Kaiser Karls des Großen nachempfunden. Ein besonderes Highlight der verschiedene Stile und Epochen präsentierenden Kunstgalerie ist die europaweit größte und bedeutendste Sammlung von Werken des berühmten Expressionisten Alexej von Jawlensky (1864–1941). Rund einhundert wertvolle Gemälde, Zeichnungen und Grafiken gewähren einen einzigartigen Einblick in das künstlerische Wirken des aus Russland stammenden Malers, der von 1921 bis zu seinem Tod im Jahre 1941 in Wiesbaden lebte und auf dem am Neroberg gelegenen Russischen Friedhof seine letzte Ruhestätte gefunden hat.

Das Gemälde „Dame mit Fächer" zählt zu den bedeutendsten Exponaten der Wiesbadener Jawlensky-Sammlung

Anfahrt: Haltestelle Rheinstraße/Rhein-Main-Hallen, Buslinien 1, 4, 8, 14, 27, 45 – 47

MUSEUM WIESBADEN · Friedrich-Ebert-Allee 2 · 65185 Wiesbaden
Telefon: (0611) 33 52 250 · Fax: (0611) 33 52 192
museum@museum-wiesbaden.de · www.museum-wiesbaden.de
Öffnungszeiten: Di., Do. 10 – 20 Uhr, Mi., Fr., Sa., Sonn- und Feiertage 10 – 17 Uhr, montags geschlossen
Preise (Dauerausstellung): regulär: 6 €, ermäßigt: 4 €
Kinder u. Jugendliche (bis 18): freier Eintritt
Freier Eintritt für alle Besucher an jedem 1. Samstag im Monat

Das Museum verlassend, überqueren wir den unteren Abschnitt der Rheinstraße und setzen unseren Spaziergang entlang der von prachtvollen historischen Gebäuden gesäumten Wilhelmstraße fort. Nach kurzer Zeit erreichen wir rechter Hand eine repräsentative, mit rotem Sandstein schmückend verkleidete Villa, welche seit 1979 die Ausstellungsräume einer der traditionsreichsten Kultureinrichtungen der hessischen Landeshauptstadt beherbergt. Der bereits 1847 gegründete Nassauische Kunstverein widmet sich seit nunmehr über 160 Jahren der Förderung der Bildenden Künste und bietet aufstrebenden Künstlern die Möglichkeit, ihre Werke einem größeren Publikum bekannt zu machen. Die innovativ gestalteten Ausstellungen des Nassauischen Kunstvereins präsentieren ein abwechslungsreiches Ensemble zeitgenössischer Gemälde, Plastiken und Installationen und

Außenansicht der repräsentativen Villa des Nassauischen Kunstvereins

vermitteln interessante Eindrücke der aktuellen Tendenzen und Entwicklungen moderner Gegenwartskunst.

Anfahrt: Haltestelle Friedrichstraße, Buslinien 1, 2, 8, 16

NASSAUISCHER KUNSTVEREIN WIESBADEN
Wilhelmstraße 15 · 65185 Wiesbaden
Telefon: (0611) 30 11 36 · Fax: (0611) 37 11 41
info@kunstverein-wiesbaden.de · www.kunstverein-wiesbaden.de
Öffnungszeiten: Di. 14 – 20 Uhr, Mi. bis Fr. 14 – 18 Uhr
Sa., So. 11 – 18 Uhr · Preise: regulär: 5 €, ermäßigt: 3 €
Kostenlose Führung: So. 15 Uhr

★ TIPP ★ Anschließend wenden wir uns der wenige Schritte entfernt an der Ecke Wilhelmstraße/Frankfurter Straße gelegenen Villa Clementine zu, welche wir bereits während einer unserer vorherigen Touren als Schauplatz des historischen „Wiesbadener Prinzenraubs" kennengelernt haben. Seit 1960 in städtischem Besitz, wurde das geschichtsträchtige ehemalige Wohnpalais eines wohlhabenden Industriellen schließlich in ein repräsentatives Kulturzentrum umgewandelt, das sich schon bald zu einem weithin bekannten Anziehungspunkt für Kunstfreunde und Anhänger anspruchsvoller literarischer Unterhaltung entwickelte. Heute beherbergen die eleganten Räumlichkeiten der Villa, welche 1978 den noblen Rahmen für eine Verfilmung von Thomas Manns

In den eleganten Sälen und Salons der historischen Villa Clementine finden heute die Veranstaltungen des „Wiesbadener Literaturhauses" statt

weltberühmtem Roman „Buddenbrooks“ bildeten, den Wiesbadener Presseclub, den Landesverband des Börsenvereins des Deutschen Buchhandels sowie die Säle und Salons des „Wiesbadener Literaturhauses“, das seinen Gästen ein breit gefächertes Programm mit interessanten Autorenlesungen, Diskussionsabenden und Vorträgen anbietet.

LITERATURHAUS VILLA CLEMENTINE · siehe Seite 86

In unmittelbarer Nachbarschaft zur Villa Clementine erreichen wir rechter Hand die reizvolle neogotische Church of St. Augustine of Canterbury, welche in den Jahren 1863–1865 als Gotteshaus für die zahlreichen britischen Gäste der Weltkurstadt Wiesbaden errichtet wurde. Noch heute feiert hier eine kleine englischsprachige Gemeinde ihre Gottesdienste nach traditionellem anglikanischem Ritus.

Die Church of St. Augustine of Canterbury wurde im 19. Jahrhundert als Gotteshaus für Wiesbadens britische Kurgäste errichtet

CHURCH OF ST. AUGUSTINE OF CANTERBURY
Frankfurter Straße 3
65189 Wiesbaden
Telefon: (0611) 30 66 74
Fax: (0611) 37 22 70
parish@staugustines.de
www.staugustines.de
Öffnungszeiten der Kirche:
Mi., Sa. 10–14 Uhr

Wir folgen nun für kurze Zeit dem Verlauf der Frankfurter Straße, biegen anschließend in die steil bergan führende Bierstadter Straße ein und erreichen rechter Hand nach weni-

Ansicht der eleganten Villa, in welcher der berühmte Schriftsteller Gustav Freytag bis zu seinem Tod im Jahre 1895 lebte und arbeitete

gen Schritten das untere Ende der Gustav-Freytag-Straße. Die von exklusiven historischen Wohngebäuden gesäumte Straße entlangspazierend, gelangen wir schließlich zum Haus Nr. 18, einer repräsentativen, im Stil des Historismus errichteten Villa, in welcher der bedeutende deutsche Schriftsteller und Kulturhistoriker Gustav Freytag (1816–1895) von 1881 bis zu seinem Tode im Jahre 1895 lebte und arbeitete. Berühmtestes Werk des ursprünglich aus Schlesien stammenden Autors ist der 1855 erschienene Roman „Soll und Haben", der als herausragendes Beispiel des Bürgerlichen Realismus gilt und zu den meistgelesenen deutschsprachigen Büchern des späten 19. Jahrhunderts zählte. Von der besonderen Wertschätzung, die man seiner Person und seinem literarischen Wirken entgegenbrachte, zeugt auf beeindruckende Weise die Tatsache, dass die Gustav-Freytag-Straße noch zu Lebzeiten des Schriftstellers nach ihrem berühmtesten Bewohner benannt wurde.

Anschließend kehren wir wieder zur Church of St. Augustine zurück und betreten gegenüber dem kleinen anglikanischen Gotteshaus die idyllische, von seltenen Baumarten und exotischen Zierpflanzen geprägte Parkanlage „Warmer Damm", welche 1859/1860

Bei schönem Wetter laden die Ufer des idyllischen Weihers zum entspannten Verweilen ein

Das marmorne Standbild Kaiser Wilhelms I. in der Parkanlage „Warmer Damm"

nach Plänen des Gartenbaumeisters Carl Friedrich Thelemann entstand. Rechter Hand verweisen das Gebälkfragment eines Badetempels aus der Epoche der römischen Siedlung Aquae Mattiacorum sowie eine frühmittelalterliche Säule der Kaiserpfalz zu Ingelheim auf die bedeutenden historischen Traditionslinien der altehrwürdigen Kurstadt Wiesbaden und der geschichtsträchtigen Kulturregion Rhein-Main.

Die geschwungenen Kieswege des anmutigen Landschaftsgartens rechter Hand entlangspazierend, passieren wir zunächst den von einer Vielzahl unterschiedlicher Wasservögel bevölkerten Weiher und erreichen schließlich ein aus wertvollem Marmor geschaffenes Denkmal für Kaiser Wilhelm I. (1797–1888), welches 1894 errichtet wurde und an die häufigen Besuche des Monarchen in der mondänen Kurstadt erinnert.

Wir wenden uns nun nach links und flanieren entlang der beeindruckenden neobarocken Südfassade des Hessischen Staatstheaters in Richtung Wilhelmstraße. Wiesbadens noblem Prachtboulevard in nördlicher Richtung folgend, ist nach wenigen Metern

In der zum Flanieren einladenden Theaterkolonnade befinden sich die Eingangsportale des Wiesbadener Opern- und Schauspielhauses

die von dorischen Säulen getragene Theaterkolonnade erreicht, welche seit über hundert Jahren die Eingangsportale des weithin bekannten Opern- und Schauspielhauses beherbergt.

Anfahrt: Haltestelle Kurhaus/Theater, Buslinien 1, 2, 8, 16

Blick auf die mit allegorischen Statuen und Reliefs reich verzierte Südfassade des Hessischen Staatstheaters Wiesbaden

Der neobarocke Theatersaal des Großen Hauses bildet den eleganten Rahmen für aufwendige Opern- und Schauspielinszenierungen

Das Hessische Staatstheater ist eines der renommiertesten und meistbesuchten Aushängeschilder der Kulturstadt Wiesbaden. In jeder Spielzeit bietet das traditionsreiche Fünf-Sparten-Haus (Oper, Schauspiel, Ballett, Musiktheater, Kinder- und Jugendtheater) seinen Besuchern etwa 20 Neuinszenierungen und ein abwechslungsreiches Repertoire, das sowohl klassische Opern- und Bühnenwerke als auch moderne Musiktheateraufführungen und Stücke der dramatischen Gegenwartsliteratur umfasst. Zentrale Spielstätte ist der über 1.000 Zuschauer fassende neobarocke Theatersaal des Großen Hauses. Darüber hinaus sind dem Hessischen Staatstheater drei kleinere Schauspielbühnen angeschlossen: das Kleine Haus, das Studio sowie die externe Spielstätte „Wartburg", die sich in der Schwalbacher Straße befindet.

Alljährlicher Höhepunkt des Spielplans sind die Internationalen Maifestspiele, welche im Jahre 1896 zu Ehren Kaiser Wilhelms II. ins Leben gerufen wurden. Der sich der mondänen Weltkurstadt tief verbunden fühlende Monarch verfolgte bis zum Ausbruch des Ersten Weltkriegs die Aufführungen der „Kaiserfestspiele" von seiner hochherrschaftlichen Loge aus, ließ es sich zum Missvergnügen der Regisseure aber auch nicht nehmen, persönlich auf Besetzung und Inszenierung der gezeigten Stücke Einfluss zu nehmen. Im Verlauf ihrer mittlerweile 120-jährigen Geschichte haben sich die Maifestspiele aufgrund der aufwendig gestalteten Neuinszenierungen und der Gastauftritte hervorragender internationaler Ensembles zu einem ausgezeichnet renommierten Opern- und Schauspielfestival

Das mondäne Kurhaus ist ein weithin bekanntes Zentrum des Wiesbadener Kulturlebens

entwickelt, das theaterbegeisterte Besucher aus nah und fern in seinen Bann zieht.

HESSISCHES STAATSTHEATER WIESBADEN · siehe Seite 26

Das Wiesbadener Kurhaus ist seit seiner feierlichen Einweihung im Jahre 1907 mondäner Mittelpunkt des gesellschaftlichen und kulturellen Lebens der traditionsreichen Kurstadt und gilt als einer der schönsten historischen Veranstaltungsorte ganz Deutschlands. Neben internationalen Tagungen und Kongressen finden in den repräsentativen Sälen und Salons des neoklassizistischen Prachtbaus ausgezeichnete Orchester-, Kammermusik- und Solo-Konzerte statt, welche sich bei Freunden anspruchsvoller klassischer Musik großer Beliebtheit und höchster Wertschätzung erfreuen. Besonderes künstlerisches Renommee genießen die glanzvollen musikalischen Darbietungen des „Rheingau Musik Festivals“, das alljährlich mit hervorragenden Ensembles und Solisten im prunkvollen Friedrich-von-Thiersch-Saal des Kurhauses gastiert.

Ein weiteres weithin bekanntes Highlight des Wiesbadener Kulturlebens sind die stimmungsvollen Open-Air-Konzerte, welche während der Sommermonate vor der prachtvollen Kulisse des Kur-

Im prunkvollen Friedrich-von-Thiersch-Saal gastieren regelmäßig hervorragende klassische Orchester und Solisten

hauses stattfinden und ihren Besuchern ein unvergleichliches Musikerlebnis gewähren. Bedeutende Künstler der klassischen Musik wie Plácido Domingo, José Carreras und Luciano Pavarotti, aber auch internationale Pop- und Rockstars wie Eric Clapton, Bryan Adams und Simply Red begeisterten in den vergangenen Jahren Tausende Fans aus nah und fern.

KURHAUS WIESBADEN
siehe Seite 22

Vor der einzigartigen Kulisse des Kurhauses finden im Sommer glanzvolle Open-Air-Konzerte statt

In der traditionsreichen Wiesbadener Spielbank ließ sich der berühmte Schriftsteller Fjodor Dostojewski zu seinem weltbekannten Roman „Der Spieler“ inspirieren

Die traditionsreiche Wiesbadener Spielbank, heute im ehemaligen Weinsaal des Kurhauses residierend, wurde im Verlauf ihrer über 240-jährigen Geschichte von einer Vielzahl berühmter Gäste besucht, unter ihnen illustre Persönlichkeiten wie Otto von Bismarck, Richard Wagner und Elvis Presley. Von besonderer Bedeutung für den internationalen Ruhm des Wiesbadener Casinos war jedoch ein Sommerabend im Jahre 1865, in dessen Verlauf der berühmte russische Schriftsteller Fjodor Dostojewski (1821–1881) auf einen Schlag seine gesamte Reisekasse verspielte. Den Verführungen des Spielteufels erlegen, entschloss sich Dostojewski, seine Erlebnisse und Eindrücke literarisch auf-

Der historische „Dostojewski-Kessel“ stammt aus dem Casinosaal des Alten Kurhauses

zuarbeiten und schuf innerhalb weniger Tage den weltbekannten Roman „Der Spieler“, eine brillante psychologische Studie über Faszination und Abgründe des Glücksspiels. Auch wenn der heutige Casinosaal nicht mehr derselbe ist wie zu Zeiten der Weltkurstadt Wiesbaden, versprüht sein elegantes Ambiente noch immer jene unvergleichliche Spielbank-Atmosphäre, die Dostojewski dereinst meisterhaft beschrieb. Zudem kann der historische „Dostojewski-Kessel“, an welchem der russische Weltliterat einst in fiebriger Erregung den Lauf der Roulette-Kugel verfolgte, von interessierten Besuchern besichtigt werden.

SPIELBANK WIESBADEN · siehe Seite 24

Das vor dem Kurhaus gelegene Bowling Green entlangspazierend, gelangen wir wieder zurück auf die Wilhelmstraße, wenden uns nach rechts und erreichen nach kurzer Zeit das untere Ende der Sonnenberger Straße. Wir folgen dem Verlauf des großzügig angelegten Boulevards wenige Meter und biegen schließlich linker Hand in die von einer kleinen Grünanlage gesäumte Prinzessin-Elisabeth-Straße ein, welche in geschwungenen Linien auf den sogenannten

Blick auf die Villa, in welcher der berühmte Komponist Johannes Brahms seine „Wiesbadener Symphonie“ schuf

„Millionärshügel“ führt. Beeindruckende, größtenteils historische Villen zeugen bis zum heutigen Tage von der glänzenden wirtschaftlichen und gesellschaftlichen Entwicklung, die Wiesbadens Aufstieg zur mondänen Weltkurstadt begleitete. Entlang der idyllisch gelegenen Osthänge ließen sich wohlhabende Pensionäre und Privatiers, aber auch bedeutende Dynastien von Industriellen und Geschäftsleuten nieder. Im späten 19. Jahrhundert war Wiesbaden die Stadt mit den meisten Goldmark-Millionären im gesamten Deutschen Reich.

Eine Gedenktafel verweist auf Brahms' musikhistorisch überaus bedeutsamen Sommeraufenthalt im Jahre 1883

An ihrem oberen Ende geht die Prinzessin-Elisabeth-Straße in die „Schöne Aussicht“, eine der nobelsten Adressen der hessischen Landeshauptstadt, über. Dem Verlauf der exklusiven Wohnstraße geradeaus folgend, gelangen wir nach wenigen Metern zum Haus Nr. 7, einer reizvollen spätklassizistischen Villa, in welcher der berühmte deutsche Komponist Johannes Brahms (1833–1897) die Sommermonate des Jahres 1883 verbrachte. Eine bronzene Gedenktafel verweist den Besucher darauf, dass Brahms hier seine weltbekannte 3. Symphonie in F-Dur schuf, die als „Wiesbadener Symphonie“ in die Musikgeschichte eingegangen ist.

Gegenüber der „Brahms-Villa“ befindet sich die Eingangspforte des ältesten jüdischen Friedhofs der Stadt Wiesbaden. Das historische Gräberfeld, welches leider nicht öffentlich zu-

Gegenüber der „Brahms-Villa“ befindet sich das Hauptportal des ältesten jüdischen Friedhofs der Stadt

gänglich ist, wurde bereits 1750 angelegt und war bis 1890 die zentrale Begräbnisstätte der jüdischen Gemeinde.

Wir kehren nun wieder zum oberen Ende der Prinzessin-Elisabeth-Straße zurück und folgen dem sich linker Hand anschließenden Verlauf der „Schönen Aussicht" bis zur Straße „Leberberg", welche bergabwärts auf die Sonnenberger Straße führt. Unseren Weg linker Hand fortsetzend, überqueren wir nach wenigen Metern die Sonnenberger Straße und biegen schließlich rechts in die Josef-Lauff-Straße ein.

Anfahrt: Haltestelle Leberberg, Buslinien 2, 16

Durch einen Hintereingang betreten wir nun den malerischen Kurpark, dessen botanische und kulturhistorische Schönheiten wir bereits während einer unserer vorausgegangenen Touren ausführlich kennengelernt haben. Wenige Schritte entfernt erhebt sich linker Hand ein beeindruckendes marmornes Standbild Gustav Freytags, das 1905 von wohlhabenden Verehrern des Schriftstellers gestiftet wurde und von der außerordentlichen Popularität zeugt, die der Autor von „Soll und Haben" seinerzeit genoss.

Das Gustav-Freytag-Denkmal im Wiesbadener Kurpark

Die von weitläufigen Wiesenflächen und altehrwürdigen Baumbeständen gesäumten Wege des reizvollen Landschaftsgartens entlangspazierend, gelangen wir schließlich zum idyllisch gelegenen „Nizzaplätzchen", welches sich am gegenüberliegenden Ende des Kurparks befindet. Im Schatten der romantisch drapierten Säulenreste des Alten Kurhauses von 1810 erinnert eine kupferne Büste an den berühmten Kurgast Fjodor Dostojewski, durch dessen Roman „Der Spieler“ das traditionsreiche Wiesbadener Casino dereinst Eingang in die Weltliteratur fand.

Anschließend durchschreiten wir das nahe gelegene Hauptportal des Kurparks und biegen linker Hand in die Paulinenstraße ein, welche entlang der Parkanlage „Warmer Damm“ bis zur Bierstadter Straße führt. Auf unserem Weg passieren wir die historische Villa Söhnlein, die 1906 nach dem Vorbild des Amtssitzes des amerikanischen Präsidenten errichtet wurde und in Wiesbaden als „Kleines Weißes Haus“ bekannt ist. Die Bierstadter Straße erreichend, wenden wir uns zunächst nach rechts, um schließlich nach wenigen Metern linker Hand in die Wilhelmstraße einzubiegen, welche uns entlang einer reizvollen kleinen Platanenallee wieder zum Wiesbadener Museum zurückführt.

Die Villa Söhnlein, Wiesbadens „Kleines Weißes Haus“, wurde dem Amtssitz des amerikanischen Präsidenten nachempfunden

Der Neroberg – ein Ausflug auf den Wiesbadener Hausberg

Der Neroberg – ein Ausflug auf den Wiesbadener Hausberg

Der 245 Meter hohe Neroberg ist eines der beliebtesten Ausflugsziele und Naherholungsgebiete der Stadt Wiesbaden. Jedes Jahr locken die einzigartige Aussicht, die attraktiven Freizeitangebote sowie die majestätische Griechische Kapelle, eines der schönsten und bekanntesten Wahrzeichen der hessischen Landeshauptstadt, Einheimische und Gäste aus aller Welt zu Tausenden auf den Wiesbadener Hausberg. Zu dessen Füßen erstreckt sich stadteinwärts das Nerotal, welches von einer idyllischen Parkanlage und prächtigen Villen aus der Epoche des Historismus geprägt wird.

Länge: ca. 2,5 km
Strecke: hügelig, aber dennoch leicht zu bewältigen

Unsere Tour beginnt an der Talstation der Nerobergbahn. Die romantische Drahtseilbahn, die im Jahre 1888 in Betrieb genom-

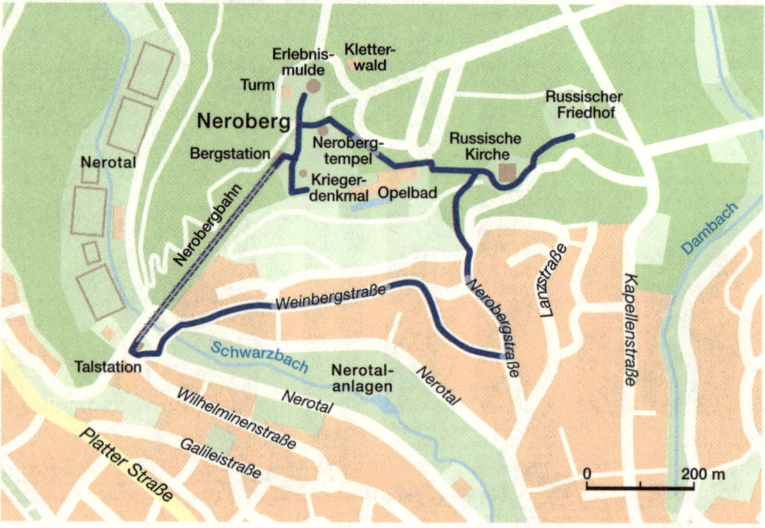

Die Fahrt mit der Nerobergbahn ist ein einzigartiges Erlebnis, das Nostalgiker und Technikfans gleichermaßen begeistert

men wurde, um die ständig wachsende Zahl von Ausflüglern und Kurgästen auf eine ebenso bequeme wie stilvolle Weise zu Wiesbadens schönstem Aussichtspunkt zu befördern, ist bis heute ein Publikumsmagnet geblieben. Alljährlich nutzen in der von Karfreitag bis einschließlich Oktober dauernden Saison über 300.000 Fahrgäste Wiesbadens traditionsreichstes und schönstes Verkehrsmittel, das als bedeutendes technisches Kulturdenkmal gilt. Wenige Schritte von der Talstation entfernt können in einem kleinen Museum interessante Exponate aus Geschichte und Gegenwart der nostalgischen Bergbahn besichtigt werden.

Anfahrt: Haltestelle Nerotal, Buslinie 1

Das Funktionsprinzip der Nerobergbahn ist ebenso einfach wie genial: Der talwärts fahrende Wagen wird an der Bergstation mit bis zu 7.000 Litern Wasser betankt. Sobald der Schaffner die Bremse gelöst hat und der Wagen Fahrt aufnimmt, zieht dieser aufgrund

seines deutlich höheren Gewichts den leichteren Wagen, mit dem er durch ein stählernes Drahtseil verbunden ist, bergauf. In der Talstation angekommen, werden die Tanks unter mächtigem Rauschen geleert, und das abgelassene Wasser wird wieder auf den Berg zurückgepumpt.

Eine Fahrt mit der nostalgischen Bergbahn ist ein einzigartiges Erlebnis, das sich auch leidenschaftliche Fußgänger nicht entgehen lassen sollten. Die auf der geschickten Anwendung der Schwerkraft beruhende Antriebstechnik ermöglicht es der Nerobergbahn seit nunmehr über 125 Jahren, auf ca. 440 Metern Strecke 83 Höhenmeter und Steigungen von bis zu 26 % ohne Elektrifizierung oder Hilfsmotor zu überwinden. Während die historischen, in Wiesbadens Wappenfarben Gelb und Blau lackierten Waggons in gemächlichem Tempo von etwa 8 km/h den Neroberg erklimmen, bietet sich den Fahrgästen ein herrlicher Ausblick auf die Silhouette der Stadt, bevor nach etwas weniger als vier Minuten der Gipfel erreicht ist.

NEROBERGBAHN
Nähere Informationen: ESWE Verkehrsgesellschaft mbH
Nerobergbahn · Wilhelminenstraße 51 · 65193 Wiesbaden
Telefon: (0611) 23 68 500 · Fax: (0611) 23 68 505
nerobergbahn@eswe-verkehr.de
www.eswe-verkehr.de/nerobergbahn

Fahrzeiten: ab Karfreitag: tägl. 10 - 19 Uhr, Mai bis Aug.: tägl. 9 - 20 Uhr
Sept. u. Okt.: tägl. 10 - 19 Uhr. Die Bahn fährt alle 15 Minuten.
Fahrpreise: Erwachsene: Einzelfahrt 2,70 €, Berg u. Tal 3,50 €
Kinder (6 - 14): Einzelfahrt 1,35 €, Berg u. Tal 1,75 €
Gruppentarife u. Vergünstigungen auf Anfrage

Auf dem Neroberg angekommen, führt unser Weg zunächst zur wenige Meter unterhalb der Bergstation gelegenen Aussichtsterrasse. Von hier aus kann man seinen Blick über ganz Wiesbaden, bei guter Sicht sogar bis nach Mainz und in den Rheingau schweifen lassen. Direkt unterhalb der Terrassenanlage, die von zwei das Herzogtum Nassau symbolisierenden Löwen-Statuen flankiert wird, liegen die Riesling-Rebstöcke des städtischen Weinbergs. Die Tradition des Weinbaus an den Hängen des Nerobergs reicht bis ins frühe 16. Jahrhundert zurück.

Oberhalb der Aussichtsterrasse befindet sich die im Jahre 1930 errichtete Kriegergedenkstätte. Ein kurzer, von steinernen Stelen gesäumter Treppenaufgang und ein wuchtiger Steinquader erinnern an

Die Besucher des Nerobergs erwartet ein herrlicher Ausblick über Wiesbaden und weite Teile der angrenzenden Umgebung

Die Kriegergedenkstätte erinnert an die Gefallenen des Ersten Weltkriegs

die beinahe 16.000 Wiesbadener, die auf den Schlachtfeldern des Ersten Weltkriegs ihr Leben lassen mussten.

Wenige Schritte entfernt steht eingebettet in den idyllischen Bergpark der Nerobergtempel, ein anmutiges Zeugnis der touristischen Erschließung des Wiesbadener Hausbergs im 19. Jahrhundert. Der an Vorbildern der griechischen Antike orientierte Rundbau, ein sogenannter Monopteros, wurde anno 1851 von Hofbaumeister Philipp Hoffmann (1806–1889) errichtet und gewährt heute wie damals eine großartige Aussicht über weite Teile der Stadt. Zudem verbindet eine Blickachse den Nerobergtempel mit der von fünf golden glänzenden Kuppeln gekrönten Griechischen Kapelle, dem wohl

Der Nerobergtempel wurde im 19. Jahrhundert an einem der schönsten Aussichtspunkte des Wiesbadener Hausbergs errichtet

bedeutendsten und schönsten Bauwerk des in herzoglichen Diensten stehenden Architekten.

Zunächst wenden wir uns jedoch dem direkt hinter dem Aussichtstempel gelegenen Gelände des ehemaligen Neroberghotels zu. Leider hat einzig der heute von einem kleinen Ausflugscafé genutzte Turm den Lauf der Geschichte überdauert. Das 1881 im romantischen Landhausstil erbaute und sechs Jahre später großzügig erweiterte Hotel war mit dem Ausbruch des Ersten Weltkriegs in eine ernste Krise geraten. Dramatisch gesunkene Gästezahlen führten schließlich sogar zur Aufgabe des Betriebs. Die einst luxuriöse Anlage verwahrloste und wurde zuletzt durch Brandstiftung völlig zerstört. Wo früher das Hauptgebäude des Neroberghotels stand, befindet sich heute die in Form eines kleinen Amphitheaters angelegte „Erlebnismulde", welche als Bühne für Kleinkunstaufführungen genutzt wird.

Anschließend kehren wir zum Nerobergtempel zurück und setzen unsere Tour entlang der Blickachse in Richtung der Griechischen Kapelle fort.

Der Turm des ehemaligen Neroberghotels beherbergt heute ein beliebtes Ausflugslokal

Der Besuch des Kletterwalds ist ein vergnügliches Abenteuer für Jung und Alt

Nach wenigen Schritten führt linker Hand ein kleiner Waldweg zu einem attraktiven Freizeitangebot des Wiesbadener Hausbergs. Der Kletterwald bietet seinen Besuchern zwölf mit Seilen, Lianen, Brücken und Netzen abwechslungsreich gestaltete Parcours, die in unterschiedlicher Höhe und mit unterschiedlichem Schwierigkeitsgrad die Wipfel des Stadtwalds durchziehen. Anfänger und Fortgeschrittene, Kinder und Erwachsene erwartet ein ebenso amüsantes wie spannendes Kletterabenteuer, das zwar Geschicklichkeit und auch etwas Mut erfordert, dank höchster Sicherheitsstandards aber völlig gefahrlos genossen werden kann.

KLETTERWALD NEROBERG
Nähere Informationen: Weitblick Naturerlebnis GmbH
Unter den Eichen 5, Haus G · 65195 Wiesbaden
Telefon: (0611) 58 02 246 · Fax: (0611) 58 02 247
info@weitblick-kletterwaelder.de · www.kletterwald-neroberg.de
Öffnungszeiten: Saison: Mitte März bis Anfang November
Mi. bis Fr. 13 – 20 Uhr, Sa., So., Brücken- und Feiertage 9 – 20 Uhr
Sommerferien (Hessen, RP): tägl. 9 – 20 Uhr
Oster- u. Herbstferien (Hessen, RP): tägl. 10 – 20 Uhr
Preise (3 Stunden, alle Parcours): Erwachsene: 19 €
Schüler, Studenten, Azubis (ab 18): 15 €
Kinder (ab 6), Jugendliche (bis 17): 12 €
Gruppentarife und Vergünstigungen auf Anfrage

★ TIPP ★ Wieder auf der vom Nerobergtempel zur Griechischen Kapelle führenden Blickachse angekommen, erreichen wir rechter Hand nach wenigen Metern das von den Reben des städtischen Weinbergs malerisch gesäumte Opelbad. Das von Wilhelm von Opel, einem bedeutenden Automobil-Unternehmer, gestiftete Freibad wurde 1933/1934 im seinerzeit hochmodernen Bauhaus-Stil errichtet und gilt aufgrund seiner eleganten Atmosphäre und der herrlichen Aussicht als eines der schönsten Schwimmbäder Deutschlands. Der angeschlossene Restaurantbetrieb, welcher über einen hervorragenden Ruf verfügt, bietet Gelegenheit, sich für den weiteren Verlauf unseres Ausflugs zu stärken.

Das von den Rebenhängen des Nerobergs malerisch gesäumte Opelbad gilt als eines der schönsten Freibäder Deutschlands

OPELBAD · Auf dem Neroberg 2 · 65193 Wiesbaden
Telefon: (0611) 17 46 49 90 · Fax: (0611) 17 46 49 919
opelbad@wiesbaden.de · www.wiesbaden.de/mattiaqua
Öffnungszeiten: Saison: Mai bis September
täglich 7 – 20 Uhr, letzter Einlass um 19 Uhr
Preise: Erwachsene: 8,20 €, Schüler u. Studenten: 4 €
Jugendliche (14 – 17): 3 €, Kinder (3 – 13): 2 €
Vergünstigungen auf Anfrage

Wenige Meter entfernt führt ein schmaler Fußweg bergabwärts zur Griechischen Kapelle, dem kulturellen Höhepunkt unseres Neroberg-Ausflugs. Der Name des von einer 55 Meter hohen Zentralkuppel und vier kleineren Zwiebeltürmen gekrönten Gotteshauses ist freilich missverständlich. Bei der Griechischen Kapelle handelt es sich nämlich um keine griechische, sondern um eine russisch-orthodoxe Kirche. Im 19. Jahrhundert war es in Westeuropa jedoch allgemein üblich, alle Formen orthodoxer Sakralbauten als „griechisch“ zu bezeichnen. Der offizielle Name „Russische Kirche Wiesbaden“ hat sich bei den Bewohnern der hessischen Landeshauptstadt bis zum heutigen Tage nicht durchsetzen können.

Hofbaumeister Philipp Hoffmann erbaute die Griechische Kapelle in den Jahren 1847 – 1855 als Grabkirche für Herzog Adolfs erste

Die von fünf goldenen Kuppeln gekrönte „Griechische Kapelle“ ist eigentlich ein russisch-orthodoxes Gotteshaus und wurde als majestätische Grabkirche für Herzogin Elisabeth erbaut

Der marmorne Sarkophag der im Alter von nur 19 Jahren verstorbenen Herzogin

Innenansicht der mit kunstvollen Malereien reich geschmückten Zentralkuppel

Frau Elisabeth Michailowna, die 1845 im Alter von nur 19 Jahren mit ihrer Tochter im Kindbett verstorben war. Um seiner großen Liebe eine letzte Ruhestätte im Stil ihrer russischen Heimat zu errichten, scheute der Herzog keine Kosten. Hiervon zeugen in beeindruckender Weise die wertvollen Ikonen und der prächtige Marmor-Sarkophag der Herzogin im Innern der Kapelle sowie die vergoldeten Kuppeln des am Vorbild der Moskauer Erlöserkirche orientierten Gotteshauses. Gegen ein geringes Eintrittsgeld kann die Griechische Kapelle, in der noch heute eine kleine russisch-orthodoxe Gemeinde ihre Gottesdienste feiert, besichtigt werden.

RUSSISCHE KIRCHE WIESBADEN
Christian-Spielmann-Weg 2 · 65193 Wiesbaden
Telefon: (0611) 52 84 94
Öffnungszeiten: Jan. bis März: tägl. 10 – 16 Uhr, April: tägl. 10 – 17 Uhr
Mai bis Okt.: Mo. bis Fr. 10 – 18 Uhr, Sa. 10 – 16.45 Uhr,
So. 12.30 – 18 Uhr, Nov. u. Dez.: tägl. 10 – 16 Uhr
Preise: Erwachsene u. Jugendliche (ab 13): 2 €, Kinder (7 – 12): 1 €

Anschließend führt unser Weg zum wenige Schritte entfernten Pfarrhaus und dem direkt dahinter gelegenen Russischen Friedhof. Zusammen mit der Kapelle bilden Friedhof und Pfarrhaus ein in

Blick auf das Hauptportal des im Jahre 1856 angelegten Russischen Friedhofs

Deutschland einmaliges Ensemble russischer Exilkultur. Auf dem 1856 angelegten Friedhof haben zahlreiche russische Adlige, Offiziere und Künstler, unter ihnen der 1941 in Wiesbaden verstorbene Maler Alexej von Jawlensky, ihre letzte Ruhestätte gefunden. Die kunstvoll gestalteten Grabmale künden von der engen Verbindung der hier Bestatteten mit ihrer fernen Heimat, verweisen aber auch auf die hohe Anziehungskraft, welche die Weltkurstadt Wiesbaden auf die Oberschicht des Zarenreichs ausübte. Leider ist der Russische Friedhof nicht öffentlich zugänglich. Es lohnt sich jedoch unbedingt, in der Kapelle um den Torschlüssel zu bitten oder an einer der gelegentlich stattfindenden Führungen teilzunehmen.

Wir kehren nun wieder zur Griechischen Kapelle zurück und setzen unseren Weg entlang der exklusiven Wohnlagen des Wiesbadener Hausbergs in Richtung des Nerotals fort. Das Hauptportal des prachtvollen russisch-orthodoxen Gotteshauses passierend, erreichen wir linker Hand nach wenigen Schritten einen kleinen asphaltierten Weg und gelangen leicht bergab laufend zum oberen Ende der Nerobergstraße. Wir folgen dem weiteren Verlauf der von beeindruckenden Villen gesäumten Straße und biegen schließlich rechter Hand in die langgezogene Weinbergstraße ein, welche uns zum Ausgangspunkt unserer Tour, der Talstation der Nerobergbahn, zurückführt.

Das Grab des berühmten russischen Malers Alexej von Jawlensky

Service

Service

Adressen und Angebote, Stadtführungen und Stadtrundfahrten

Die traditionsreiche Kurstadt Wiesbaden empfängt ihre Gäste während des ganzen Jahres mit einem breit gefächerten Angebot interessanter Stadtführungen, Kulturspaziergänge und Rundfahrten. Darüber hinaus umfasst das vielfältige Veranstaltungsprogramm auch zahlreiche individuelle Erlebnistouren, die sich aufgrund der hervorragenden Serviceleistungen und attraktiven Vergünstigungen großer Beliebtheit erfreuen. Ob ein Leib und Seele erfrischender Wellnesstag in den Wiesbadener Thermalbädern, ein spannender Besuch der eleganten Spielbank oder ein stimmungsvoller Ausflug zu den schönsten Sehenswürdigkeiten des malerischen Rheingaus – für fast alle Interessen und Vorlieben gibt es ein speziell zugeschnittenes Tourangebot.

Bei Buchungen, Karten- und Hotelreservierungen sowie allen Fragen rund um Freizeit und Kultur steht den Besuchern der hessischen Landeshauptstadt das freundliche Personal der Wiesbadener Tourist-Information mit Rat und Tat zur Seite. Hier sind zudem aktuelle Veranstaltungskalender, informative Broschüren und kostenlose Stadtpläne erhältlich.

TOURIST-INFORMATION WIESBADEN
Marktplatz 1 (Ecke Karl-Glässing-Straße) · 65183 Wiesbaden
Telefon: (0611) 17 29 930 · Fax: (0611) 17 29 798
tourist-service@wiesbaden-marketing.de · www.wiesbaden.de
Öffnungszeiten: Mo. bis Fr. 10 – 18 Uhr, Sa. 10 – 15 Uhr, So. 11 – 15 Uhr
Oktober bis März: an Sonn- und Feiertagen geschlossen
Zweigstelle am Hauptbahnhof (Bussteig A):
Mo. bis Fr. 6 – 19 Uhr, Sa. 10 – 17 Uhr

Die Wiesbaden Tourist-Card ist ein ideales Angebot für all jene, die während ihres Aufenthalts in Wiesbaden viel unternehmen und dabei auch noch sparen möchten. Sie bietet ab dem eingetragenen Datum an zwei aufeinanderfolgenden Tagen zahlreiche Vergünstigungen in den Bereichen Kultur, Freizeit und Sightseeing (u. a. Museen, Theater, Thermalbäder, Rheinschifffahrt) und ermöglicht zudem die kostenlose Nutzung aller öffentlichen Verkehrsmittel in Wiesbaden und Mainz. Die Einzelkarte kostet 9 €, der Preis der Gruppenkarte (bis zu 5 Personen) beträgt 17 €.

Erhältlich ist die Tourist-Card in der Wiesbadener Tourist-Information am Marktplatz, in der Zweigstelle der Tourist-Information am Hauptbahnhof (Bussteig A, ESWE-Mobilitätsinfo) sowie über das Internetportal der Stadt Wiesbaden (www.wiesbaden.de).

★ TIPP ★ Eine besonders reizvolle und auch bei Kindern überaus beliebte Möglichkeit, die wichtigsten Sehenswürdigkeiten der hessischen Landeshauptstadt Wiesbaden im Rahmen einer etwa einstündigen Tour kennenzulernen, ist die Fahrt mit der nostalgisch anmutenden Stadtbahn „Thermine". Die kleine motorisierte Lokomotive befördert ihre Fahrgäste zunächst zu den kulturellen und architektonischen Highlights der Wiesbadener Innenstadt und fährt anschließend über den von prachtvollen historischen Villen gesäumten „Millionärshügel" auf den für seine herrliche Aussicht bekannten Neroberg. Nach einem kurzen Stopp zur Besichtigung der majestätischen Griechischen Kapelle geht es entlang des Nerotals und des Kochbrunnenplatzes wieder zurück zum zentral gelegenen Marktplatz. Von Mai bis Oktober wird einmal im Monat zudem eine „Tour de Biebrich" angeboten, welche die schönsten Seiten des an den Gestaden des Rheins gelegenen Wiesbadener Vororts präsentiert.

Da das Ticket während des gesamten Tages gültig ist, können die Fahrgäste an allen Haltepunkten problemlos aus- und wieder zusteigen und die Erkundung der zahlreichen Attraktionen und Sehenswürdigkeiten nach ihren persönlichen Vorstellungen und Wünschen gestalten.

Die kleine Stadtbahn „Thermine" lädt zur kurzweiligen Erkundung der schönsten Sehenswürdigkeiten und Attraktionen ein

THERMINE · Touristikbahn Wiesbaden
Fritz-Haber-Straße 7 · 65203 Wiesbaden · Telefon: (0611) 58 93 94 64
Fax: (0611) 58 93 94 72 · info@thermine.de · www.thermine.de
Fahrzeiten: Hauptsaison: Ende März bis Oktober · Abfahrt (Marktplatz, Café Lumen): täglich 10.00, 11.00, 12.00, 13.30, 14.30, 15.30 u. 16.30 Uhr
Nebensaison: Ende November bis 3. Advent,
täglich 12.30, 13.30, 14.30, 15.30 Uhr
Preise (Ticket ist den ganzen Tag gültig): Erwachsene (ab 15): 9 €, Kinder (5 - 14): 5 €
Weitere Preise, Vergünstigungen und Angebote auf Anfrage

Wiesbaden mobil

Unterwegs mit Bus und Bahn

Wiesbaden verfügt über ein leistungsfähiges und sehr gut ausgebautes öffentliches Bussystem. Die modernen, behindertengerecht gestalteten Niederflurbusse der städtischen ESWE-Verkehrsgesellschaft befördern jeden Tag etwa 180.000 Fahrgäste auf eine ebenso bequeme wie umweltschonende Weise zu ihren Zielen in der Wiesbadener Innenstadt und den im näheren Umland gelegenen Vororten. Fast alle Linien verkehren vom frühen Morgen bis in die Abendstunden im 10-Minuten-Takt und ermöglichen es Städtereisenden und Touristen, die schönsten Sehenswürdigkeiten und Attraktionen der hessischen Landeshauptstadt schnell und unkompliziert zu erreichen. Ein detaillierter Strecken- und Liniennetzplan ist auf den letzten Seiten von „Wiesbaden zu Fuß“ zu finden.

Tickets sind direkt beim Busfahrer (Kleingeld passend bereithalten), an den Service-Points der zentralen Busbahnhöfe (Luisenplatz u. Hauptbahnhof), in der Wiesbadener RMV-Mobilitätszentrale sowie an zahlreichen öffentlichen Automaten erhältlich. Darüber hinaus kann auch das Online-Angebot der ESWE (www.eswe-ticket.de) zur Bestellung von Fahrscheinen genutzt werden.

Kurze Übersicht zu Fahrkarten und Tarifen (ESWE, alle Linien)

- Einzelfahrschein: Erwachsene (ab 15) 2,80 €, Kinder (6–14) 1,60 €
- Kurzstreckenticket (max. 3 Stationen): Erwachsene (ab 15) 1,70 €, Kinder (6–14) 1,00 €

- Sammelkarte (5 Einzelfahrscheine): Erwachsene (ab 15) 11,20 €
  Kinder (6–14) 6,75 €
- Tageskarte: Erwachsene (ab 15) 6,70 €, Kinder (6–14) 3,90 €
- Gruppentageskarte (bis 5 Pers.): Erwachsene u. Kinder 10,10 €

ESWE VERKEHRSGESELLSCHAFT MBH
Gartenfeldstraße 18 · 65189 Wiesbaden
Telefon: (0611) 45 02 24 50 · Fax: (0611) 45 02 28 50
internet@eswe-verkehr.de · www.eswe-verkehr.de
www.eswe-ticket.de
Sprechzeiten Kundenservice: Mo. bis Fr. 7 – 18 Uhr
Telefonische Fahrplanauskunft (24 h):
(069) 24 24 80 24
Öffnungszeiten Service-Points: Luisenplatz u. Hauptbahnhof
Mo. bis Fr. 6 – 19 Uhr, Sa. 10 – 17 Uhr

Aufgrund seiner zentralen Lage inmitten des Rhein-Main-Gebiets ist Wiesbaden ein idealer Ausgangspunkt für interessante Touren zu einer Vielzahl kulturhistorisch und landschaftlich überaus reizvoller Ziele in der gesamten Region. Die altehrwürdige Domstadt und Fastnachtshochburg Mainz, die pulsierende Mainmetropole Frankfurt sowie der romantische Rheingau sind mit den Regional- und S-Bahnen des Rhein-Main-Verkehrsverbundes (RMV) in kurzer Zeit und ohne lästiges Umsteigen zu erreichen.

RMV-MOBILITÄTSZENTRALE WIESBADEN
Dotzheimer Straße 6 – 8 (Luisenforum) · 65185 Wiesbaden
Telefon: (0611) 45 02 24 50 · Fax: (0611) 45 02 28 51
mobilitaetszentrale@eswe-verkehr.de
www.eswe-verkehr.de · www.rmv.de · Öffnungszeiten:
Mo., Di., Do., Fr. 8 – 18 Uhr, Mi. 8 – 20 Uhr, Sa. 10 – 14 Uhr

Informationen für Radfahrer

Eine wichtige Adresse für all jene, welche die traditionsreiche Kurstadt und ihre anmutige Umgebung auf zwei Rädern erkunden möchten, ist die Fahrradstation „Der Radler" am Westausgang des Wiesbadener Hauptbahnhofs neben Gleis 11. Hier können zu günstigen Konditionen moderne City-Bikes, Kinder- und Jugendräder, E-Bikes sowie Anhänger und Packtaschen entliehen werden. Außerdem stehen allen Fahrradbesitzern überdachte Stellplätze zur kostenlosen Verfügung.

FAHRRADSTATION „DER RADLER"
Hauptbahnhof (Westausgang), neben Gleis 11
Telefon: (0611) 98 81 95 55
der-radler@bauhaus-wiesbaden.de · www.bauhauswerkstaetten.de
Öffnungszeiten: Mo. bis Fr. 8 – 18 Uhr, Sa. (Mai bis Sept.) 9 – 13 Uhr

Wiesbaden ist kinderfreundlich

Wiesbaden bietet Kindern, Jugendlichen und ihren Familien zahlreiche Möglichkeiten für interessante Unternehmungen und eine attraktive Freizeitgestaltung. Ob der auf dem Neroberg gelegene Kletterwald (siehe Seite 120), die großzügigen Spiel- und Sportplätze der von den Wassern des Rheins umspülten Rettbergsau (siehe Seite 46) oder der wunderschöne Tier- und Pflanzenpark Fasanerie – eine bunte Vielfalt abwechslungsreicher Ausflugsziele macht den Besuch der einstigen Weltkurstadt auch für ihre jüngsten Gäste zu einem einzigartigen Erlebnis.

Darüber hinaus organisieren das Wiesbadener Amt für Soziale Arbeit sowie zahlreiche private und öffentliche Institutionen während des ganzen Jahres attraktive Veranstaltungen, Feste und Events, die ganz auf die Bedürfnisse und Interessen von Kindern und Jugendlichen zugeschnitten sind und sich bei ihrem jungen Publikum großer Beliebtheit erfreuen. Aktuelle Veranstaltungstipps gibt es auf der Webseite der Stadt Wiesbaden (www.wiesbaden.de) sowie auf dem Internet-Portal „Wi & You" (www.wiandyou.de).

Weitere Informationen zum Kinder- und Jugendprogramm: Amt für Soziale Arbeit, Telefon: (0611) 31 30 15, Mail: kinderkultur@wiesbaden.de

Besonders erwähnenswert ist das beispielhafte Engagement des Hessischen Staatstheaters (siehe Seite 26) für seine jüngsten Besucher. Das professionelle Ensemble „Junges Staatstheater" bietet Kindern, Jugendlichen und deren Familien ein vielfältiges Musik- und Schauspielprogramm, das von der klassischen Märcheninszenierung bis zum modernen Musical reicht. Darüber hinaus ermöglicht „Schau! Spiel!“ theaterbegeisterten Jugendlichen, unter professioneller Anleitung ihr schauspielerisches Talent zu trainieren und sogar eigene Bühnenstücke zu inszenieren.

Am Samstag- und Sonntagnachmittag verwandelt sich die renommierte Caligari FilmBühne (siehe Seite 133) in das Wiesbadener „Traumkino für Kinder“. Dann werden um jeweils 15 Uhr hervorragende Kinderfilme gezeigt, welche die anwesenden Eltern oft genauso begeistern wie ihre sich prächtig amüsierenden Sprösslinge. Im Anschluss an die stets gut besuchten Filmvorführungen können die kleinen Gäste der Caligari FilmBühne ihre kreativen Energien beim Malen oder beim unterhaltsamen Nachspielen bekannter Filmszenen ausleben.

★ TIPP ★ Ein für Kinder und Erwachsene gleichermaßen attraktives Ausflugsziel ist der nordwestlich der Stadt gelegene Tier- und Pflanzenpark Fasanerie. In den großzügig angelegten Gehegen des etwa 25 Hektar großen Forstgartens können seltene Haustierrassen, aber auch zahlreiche europäische Wildtiere, wie z. B. Wisente, Fischotter, Luchse, Wölfe und Braunbären, aus nächster Nähe beobachtet werden. Bei den jüngsten Besuchern der Fasanerie erfreuen sich der große, abwechslungsreich gestaltete Abenteuerspielplatz sowie der von zahmen Zwergziegen und Schafen bewohnte Streichelzoo besonderer Beliebtheit. Die dort lebenden Tiere dürfen auch gefüttert werden, allerdings nur mit speziellen Futtermischungen, die an einem Kiosk im Eingangsbereich erworben werden können.

Erwähnenswert ist zudem das naturpädagogische Programm der Fasanerie, welches Kindern, Jugendlichen und Erwachsenen mit einer Vielzahl interessanter Veranstaltungen Wissenswertes über die im Park beheimateten Tiere und Pflanzen vermittelt.

Anfahrt: Haltestelle Fasanerie, Buslinie 33

TIER- UND PFLANZENPARK FASANERIE

Naturpädagogisches Zentrum · Wilfried-Ries-Straße 22 · 65195 Wiesbaden

Telefon: (0611) 40 90 770 · Fax: (0611) 40 90 77 20

fasanerie@wiesbaden.de · www.fasanerie.net
Öffnungszeiten: November bis März: täglich 9 – 17 Uhr,
April bis Oktober: täglich 9 – 18 Uhr · Preise: kostenlos, Spende erbeten
Schaufütterungen täglich außer Freitag
11 Uhr: Wolf- u. Bärengehege, 15 Uhr: Fuchsgehege

Kultur- und Ausflugstipps

Das „Erfahrungsfeld" erschließt seinen Besuchern die faszinierende Welt menschlicher Sinneswahrnehmungen

Das **Schloss Freudenberg**, auf einer Anhöhe am westlichen Ende des Wiesbadener Vororts Dotzheim gelegen, wurde vor über hundert Jahren als Wohnpalais für ein exzentrisches Künstlerpaar errichtet und beherbergt heute das weithin bekannte **„Erfahrungsfeld zur Entfaltung der Sinne und des Denkens"**. Entlang der idyllischen Wege des wildromantisch anmutenden Parks sowie in den eleganten Räumlichkeiten des Schlossgebäudes vermitteln über 60 verschiedene Installationen die beeindruckende Vielfalt menschlicher Sinneswahrnehmungen und laden zum eigenständigen Erproben und spielerischen Experimentieren ein. Neben Tastgalerien, Klangplatten und Spüreisen zählen zu den Attraktionen des „Erfahrungsfelds" u. a. auch solch ungewöhnliche „Instrumente" wie ein Summstein oder eine Gewürzorgel. Ein überaus interessantes Erlebnis ist der Besuch der „Dunkelbar", in welcher vollkommene Finsternis herrscht und die Gäste von einem blinden Barkeeper bedient werden.

Anfahrt: Haltestelle Märchenland, Buslinien 23, 24, 39

SCHLOSS FREUDENBERG · Erfahrungsfeld zur Entfaltung der Sinne und des Denkens · Freudenbergstraße 224 - 226 · 65201 Wiesbaden
Telefon: (0611) 41 10 141 · Fax: (0611) 94 10 726
kontakt@schlossfreudenberg.de · www.schlossfreudenberg.de
Öffnungszeiten: März bis Oktober: Mo. bis Fr. 9 - 18 Uhr,
Sa., So., Feiertage 11 - 18 Uhr, November bis Februar: Di. bis Fr. 9 - 17 Uhr,
Sa., So., Feiertage 11 - 18 Uhr · Preise: Erwachsene: 15 €, 7 - 17 Jahre: 8 €,
3 - 6 Jahre: 6 € · Vergünstigungen u. Führungen auf Anfrage

Der wunderschöne denkmalgeschützte Kinosaal der Caligari FilmBühne

„Ein Juwel unter den deutschen Lichtspielhäusern" – so lautete das begeisterte Urteil des berühmten deutschen Regisseurs Volker Schlöndorff, als er die **Caligari FilmBühne** im Rahmen eines der zahlreichen hier stattfindenden Filmfestivals besuchte. Der ehemalige Ufa-Filmpalast, dessen elegantes Interieur vor wenigen Jahren detailgetreu restauriert wurde, ist ein weithin bekanntes Aushängeschild der Kulturstadt Wiesbaden und gilt aufgrund seines einzigartigen historischen Ambientes als eines der schönsten Kinos ganz Deutschlands. Das facettenreiche Programm des „Caligari" richtet sich an ein anspruchsvolles Publikum und umfasst neben legendären Klassikern der Filmgeschichte und cineastischen Raritäten auch die interessantesten Produktionen des aktuellen internationalen Filmschaffens. Besonders hohes künstlerisches Renommee genießen die Festivals „goEast" und „exground", welche alljährlich Cineasten aus weiten Teilen Europas in ihren Bann ziehen.

CALIGARI FILMBÜHNE · Marktplatz 9 · 65183 Wiesbaden
Telefon: (0611) 31 50 50 (Tickets) · Fax: (0611) 31 39 61
caligari@wiesbaden.de · www.wiesbaden.de/caligari
Preise: regulär: 6 €, ermäßigt: 5 €
Kinderkino (Sa., So. 15 Uhr): Kinder u. Erwachsene: 3 €

Anfahrt: Haltestelle Dern'sches Gelände (verschiedene Bussteige), Buslinien 1, 2, 4, 5, 8, 14 – 18, 21 – 24, 27, 45 – 48

Historische Skulptur einer Göttin aus den Beständen des Wiesbadener Frauen-Museums

Das im Jahre 1984 von einem Verein engagierter Bürgerinnen gegründete **Wiesbadener Frauen-Museum** hat sich aufgrund seiner ebenso innovativen wie wissenschaftlich fundierten Konzeption zu einer festen Größe im kulturellen Leben der hessischen Landeshauptstadt entwickelt. Die für weibliche und männliche Besucher gleichermaßen interessanten Ausstellungen widmen sich den bedeutenden künstlerischen und kulturhistorischen Leistungen von Frauen in Geschichte und Gegenwart, vermitteln aber auch aufschlussreiche Erkenntnisse über die Geschlechter- und Rollenbilder in anderen Kulturkreisen und Zivilisationen. Sammlungsschwerpunkt des 1997 mit dem Kulturpreis der Stadt Wiesbaden ausgezeichneten Museums sind figürliche Darstellungen von Frauen und Göttinnen aus allen Epochen der Menschheitsgeschichte.

Anfahrt: Haltestelle Landesbibliothek, Buslinien 3, 6, 16, 22, 28, 33, 39

FRAUEN-MUSEUM WIESBADEN · Wörthstraße 5 · 65185 Wiesbaden
Telefon: (0611) 30 81 763 · Fax: (0611) 37 86 60
info@frauenmuseum-wiesbaden.de · www.frauenmuseum-wiesbaden.de
Öffnungszeiten: Mi. und Do. 10 – 17 Uhr, Sa., So., Feiertage 12 – 17 Uhr
Preise: regulär: 6 €, ermäßigt: 5 €

Wiesbaden feiert!

In Wiesbaden wird gerne, oft und ausgiebig gefeiert. Während des ganzen Jahres, vor allem aber in den Frühlings- und Sommermonaten, finden auf den Plätzen und Straßen der hessischen Landeshauptstadt zahlreiche stimmungsvolle Feste statt, die sich bei den Wiesbadenern, aber auch bei Tausenden Gästen aus ganz Deutschland großer Beliebtheit erfreuen. Drei der schönsten und traditionsreichsten Veranstaltungen des Wiesbadener Festsommers werden auf den folgenden Seiten in kurzen Porträts vorgestellt.

Das **Wilhelmstraßenfest,** welches traditionell am ersten oder zweiten Juni-Wochenende entlang der „Rue" stattfindet, ist mit alljährlich über 250.000 Besuchern das größte Straßenfest Deutschlands. Zahlreiche Musik- und Kleinkunstaufführungen, ein ebenso üppiges wie abwechslungsreiches kulinarisches Angebot sowie das elegante Ambiente des Wiesbadener Prachtboulevards machen die zweitägige, offiziell „Theatrium" genannte Veranstaltung zum stimmungsvollen Anziehungspunkt für Gäste aus nah und fern. Krönender Abschluss des Wilhelmstraßenfests ist ein großes Feuerwerk, welches am späten Samstagabend über den mondänen Bauten und Parkanlagen der altehrwürdigen Promenier- und Einkaufsmeile erstrahlt.

Termin: erstes oder zweites Juni-Wochenende, Freitag und Samstag

Während der Rheingauer Weinwoche verwandeln sich der Schlossplatz und das Dern'sche Gelände in die „längste Weintheke der Welt"

In den über 40 Jahren ihres Bestehens hat sich die ursprünglich als lokale Werbeveranstaltung ins Leben gerufene **Rheingauer Weinwoche** zu einem der größten, schönsten und stimmungsvollsten Weinfeste ganz Deutschlands entwickelt. Beginnend am zweiten Freitag des Monats August, säumen zehn Tage lang mehr als einhundert Stände den festlich geschmückten Schlossplatz sowie das angrenzende Dern'sche Gelände und verwandeln die Wiesbadener Innenstadt in die „längste Weintheke der Welt". Das vielfältige Angebot hervorragender Riesling-Weine, die zahlreichen kulinarischen Verlockungen sowie die von Lebensfreude und Eleganz gleichermaßen geprägte Atmosphäre verleihen der Rheingauer Weinwoche ihr einzigartiges Flair und locken alljährlich Hunderttausende Besucher aus allen Teilen Deutschlands in die hessische Landeshauptstadt.

Termin: Eröffnung am zweiten Freitag im August, zehn aufeinanderfolgende Festtage

„Umsonst und draußen" – so lautet das Motto des bei Alt und Jung gleichermaßen beliebten **Kranzplatzfestes**, das im Wonnemonat Mai an fünf aufeinanderfolgenden Tagen rund um den historischen Kochbrunnen stattfindet. Wiesbadens größtes privat organisiertes Straßenfest begeistert seine Besucher alljährlich mit einem breit gefächerten Musikprogramm, zahlreichen regionalen und internationalen Gaumenfreuden sowie einem zum entspannten Stöbern einladenden Flohmarkt. Sonntags wird zudem ein buntes, abwechslungsreich gestaltetes Kinderprogramm organisiert, welches sich bei den jüngsten Besuchern des Kranzplatzfestes großer Beliebtheit erfreut.

Termin: Mitte/Ende Mai, von Mittwoch bis Sonntag

Bildnachweis

Branko Srot - Fotolia.com: S. 2
Wiesbaden Marketing: S. 8/9, 12, 13, 15, 19, 20, 21, 22, 30, 32, 33, 34, 42/43, 45, 47, 50, 54, 58/59, 61, 66, 67, 71, 73, 82, 96, 99, 102, 103, 106, 111, 112/113, 117, 118, 119, 121, 122, 127, 132, 134, 135
Tobias Roth: S. 11, 16, 26, 27, 38, 39, 52, 53, 70, 72, 79, 82, 90, 91, 92/93, 101, 102, 124, 125
Xenia Drebes: S. 14
Erika Noack (www.noack-immobilien.de): S. 17, 28/29, 37
Lucie Richter: S. 18, 24, 35, 36, 37, 40, 55, 62, 64, 65, 74, 75, 84, 85, 98, 100
Spielbank Wiesbaden: S. 23, 105, 107
wikipedia.de: S. 24 (ohne Copyright), 49 (Benutzer: Laurenz), 50 (Benutzer: FEXX), 69 (Benutzer: SBT), 110 (Benutzer: SBT)

Martin Kaufhold (Hessisches Staatstheater Wiesbaden): S. 25, 104
Café Maldaner: S. 41
Adrian Aidoiu (Wiesbadener Personenschifffahrt): S. 46
Thomas Hellmann (Wiesbadener Reit- und Fahr-Club e. V.): S. 51
Sektkellerei Henkell: S. 56, 57
Dr. Olaf Kaiser (Burgenwelt – www.burgenwelt.de): S. 63
Restaurant Gollner's: S. 63
Stadtarchiv Wiesbaden: S. 69, 88, 123
Evangelische Ringkirchengemeinde: S. 77, 78
Evangelische Lutherkirchengemeinde: S. 80, 81
Dr. Wolfgang Völckel: S. 83, 103
Industrie- und Handelskammer Wiesbaden: S. 87
Katholische Pfarrerei St. Bonifatius: S. 89
Ed Restle (Museum Wiesbaden): S. 95, 97
Cedric Hommel: S. 108, 109
Dieter Sahm (Freunde und Förderer der Nerobergbahn e. V.): S. 115, 116
Kletterwald Neroberg: S. 120
Barbara Staubach (Kulturamt Wiesbaden): S. 133

Der Autor

Tobias Roth wurde 1978 in Mainz geboren. Nach dem Abitur am Wiesbadener Leibniz-Gymnasium studierte er Buchwissenschaft und Germanistik an der Johannes Gutenberg-Universität Mainz. Sein Stadtführer „Wiesbaden zu Fuß" erschien im Frühjahr 2009 in erster Auflage. Tobias Roth lebt in Wiesbaden und arbeitet dort u. a. als freier Lektor.

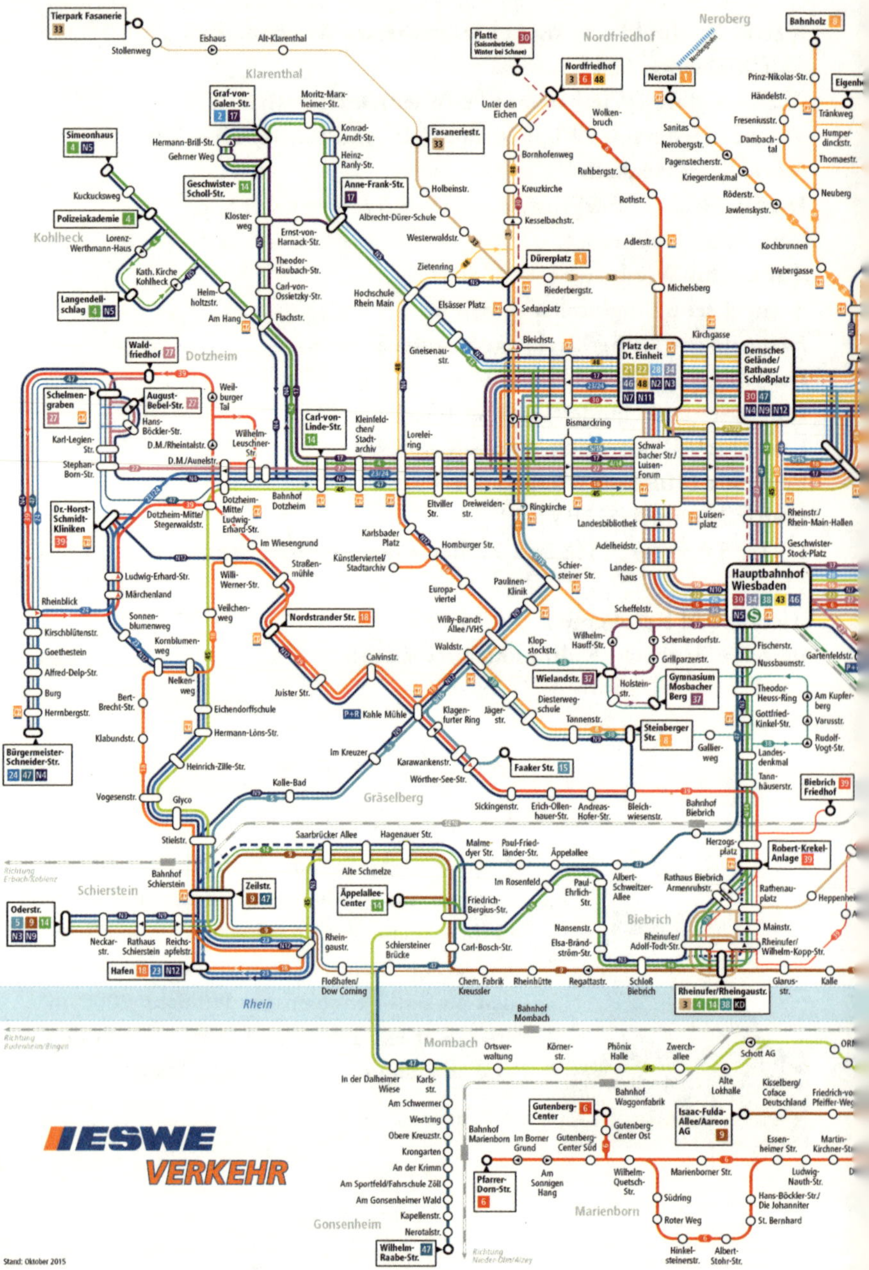
Tierpark Fasanerie 33
Stollenweg
Eishaus
Alt-Klarenthal
Klarenthal
Graf-von-Galen-Str. 2 17
Moritz-Marx-heimer-Str.
Konrad-Arndt-Str.
Heinz-Ranly-Str.
Hermann-Brill-Str.
Gehrner Weg
Geschwister-Scholl-Str. 14
Anne-Frank-Str. 17
Fasaneriestr. 33
Holbeinstr.
Albrecht-Dürer-Schule
Westerwaldstr.
Simeonhaus 4 N5
Kuckucksweg
Polizeiakademie 4
Kohlheck
Lorenz-Werthmann-Haus
Kath. Kirche Kohlheck
Langendellschlag 4 N5
Helmholtzstr.
Am Hang
Klosterweg
Ernst-von-Harnack-Str.
Theodor-Haubach-Str.
Carl-von-Ossietzky-Str.
Flachstr.
Platte 30 (Saisonbetrieb Winter bei Schnee)
Nordfriedhof
Nordfriedhof 3 6 48
Unter den Eichen
Wolkenbruch
Bornhofenweg
Ruhbergstr.
Kreuzkirche
Rothstr.
Kesselbachstr.
Adlerstr.
Dürerplatz 1
Riederbergstr.
Michelsberg
Sedanplatz
Zietenring
Hochschule Rhein Main
Elsässer Platz
Gneisenaustr.
Bleichstr.
Neroberg
Nerobergbahn
Nerotal 1
Sanitas
Nerobergstr.
Pagenstecherstr.
Kriegerdenkmal
Röderstr.
Jawlenskystr.
Bahnholz 8
Prinz-Nikolas-Str.
Händelstr.
Freseniusstr.
Dambachtal
Eigenheim
Tränkweg
Humperdinckstr.
Thomaestr.
Neuberg
Kochbrunnen
Webergasse
Kirchgasse
Platz der Dt. Einheit 21 22 28 34 46 48 N2 N3 N7 N11
Dernsches Gelände/Rathaus/Schloßplatz 30 47 N4 N9 N12
Waldfriedhof 27
Dotzheim
Schelmengraben 27
August-Bebel-Str. 27
Hans-Böckler-Str.
Weilburger Tal
Karl-Legien-Str.
D.M./Rheintalstr.
Wilhelm-Leuschner-Str.
Stephan-Born-Str.
D.M./Aunelstr.
Carl-von-Linde-Str. 14
Kleinfeldchen/Stadtarchiv
Loreleiring
Bismarckring
Schwalbacher Str./Luisen-Forum
Dr.-Horst-Schmidt-Kliniken 39
Dotzheim-Mitte/Ludwig-Erhard-Str.
Dotzheim-Mitte/Stegerwaldstr.
Bahnhof Dotzheim
Eltviller Str.
Dreiweidenstr.
Ringkirche
Landesbibliothek
Luisenplatz
Adelheidstr.
Rheinstr./Rhein-Main-Hallen
Geschwister-Stock-Platz
Im Wiesengrund
Karlsbader Platz
Künstlerviertel/Stadtarchiv
Homburger Str.
Ludwig-Erhard-Str.
Märchenland
Straßenmühle
Willi-Werner-Str.
Europaviertel
Paulinen-Klinik
Schiersteiner Str.
Landeshaus
Hauptbahnhof Wiesbaden 30 34 38 43 46 N5
Scheffelstr.
Rheinblick
Sonnenblumenweg
Veilchenweg
Nordstrander Str. 18
Willy-Brandt-Allee/VHS
Wilhelm-Hauff-Str.
Schenkendorfstr.
Grillparzerstr.
Fischerstr.
Nussbaumstr.
Gartenfeldstr.
Kirschblütenstr.
Goethestein
Alfred-Delp-Str.
Burg
Herrnbergstr.
Kornblumenweg
Nelkenweg
Calvinstr.
Waldstr.
Klopstockstr.
Wielandstr. 37
Holsteinstr.
Gymnasium Mosbacher Berg 37
Theodor-Heuss-Ring
Am Kupferberg
Bürgermeister-Schneider-Str. 24 47 N4
Bert-Brecht-Str.
Eichendorffschule
Juister Str.
P+R Kahle Mühle
Klagenfurter Ring
Jägerstr.
Diesterwegschule
Tannenstr.
Steinberger Str. 8
Gallierweg
Gottfried-Kinkel-Str.
Varusstr.
Rudolf-Vogt-Str.
Landesdenkmal
Tannhäuserstr.
Klabundstr.
Hermann-Löns-Str.
Im Kreuzer
Karawankenstr.
Faaker Str. 15
Wörther-See-Str.
Heinrich-Zille-Str.
Kalle-Bad
Gräselberg
Vogesenstr.
Glyco
Sickingenstr.
Erich-Ollenhauer-Str.
Andreas-Hofer-Str.
Bleichwiesenstr.
Bahnhof Biebrich
Biebrich Friedhof 39
Stielstr.
Saarbrücker Allee
Hagenauer Str.
Malmedyer Str.
Paul-Friedländer-Str.
Äppelallee
Herzogsplatz
Robert-Krekel-Anlage 39
Richtung Erbach/Koblenz
Schierstein
Bahnhof Schierstein
Zeilstr. 9 47
Alte Schmelze
Im Rosenfeld
Albert-Schweitzer-Allee
Rathaus Biebrich
Armenruhstr.
Äppelallee-Center 14
Friedrich-Bergius-Str.
Paul-Ehrlich-Str.
Rathenauplatz
Heppenheimer
Oderstr. 5 9 14 N3 N9
Neckarstr.
Rathaus Schierstein
Reichsapfelstr.
Rheingaustr.
Schiersteiner Brücke
Carl-Bosch-Str.
Nansenstr.
Elsa-Brändström-Str.
Biebrich
Rheinufer/Adolf-Todt-Str.
Mainstr.
Rheinufer/Wilhelm-Kopp-Str.
Hafen 18 23 N12
Floßhafen/Dow Corning
Chem. Fabrik Kreussler
Rheinhütte
Regattastr.
Schloß Biebrich
Rheinufer/Rheingaustr. 3 4 14 38 KD
Glarusstr.
Kalle
Rhein
Bahnhof Mombach
Richtung Budenheim/Bingen
Mombach
Ortsverwaltung
Körnerstr.
Phönix Halle
Zwerchallee
Schott AG
In der Dalheimer Wiese
Karlsstr.
Alte Lokhalle
Am Schwermer
Westring
Obere Kreuzstr.
Krongarten
An der Krimm
Am Sportfeld/Fahrschule Zöll
Am Gonsenheimer Wald
Kapellenstr.
Nerotalstr.
Gonsenheim
Wilhelm-Raabe-Str. 47
Bahnhof Waggonfabrik
Gutenberg-Center 6
Gutenberg-Center Ost
Gutenberg-Center Süd
Bahnhof Marienborn
Im Borner Grund
Am Sonnigen Hang
Wilhelm-Quetsch-Str.
Marienborner Str.
Pfarrer-Dorn-Str. 6
Südring
Roter Weg
Marienborn
Hinkelsteinerstr.
Albert-Stohr-Str.
Kisselberg/Coface Deutschland
Friedrich-von-Pfeiffer-Weg
Isaac-Fulda-Allee/Aareon AG 9
Essenheimer Str.
Martin-Kirchner-Str.
Ludwig-Nauth-Str.
Hans-Böckler-Str./Die Johanniter
St. Bernhard
Richtung Nieder-Olm/Alzey
ESWE VERKEHR
Stand: Oktober 2015